战略性新兴产业培育与发展研究丛书

新材料产业培育与发展研究报告

屠海令 等 著

科学出版社
北京

内 容 简 介

本书是中国工程院重大咨询项目"战略性新兴产业培育与发展"子课题"新材料产业培育与发展"的研究成果。全书在剖析新材料产业发展的国内外发展特点以及关键新材料领域发展现状的基础上,论述了新材料产业面临的主要问题,提出了中国新材料产业未来一段时期的发展方向、发展目标、发展重点和政策建议。

本书有助于读者了解中国新材料产业发展的现状和走向,可作为战略性新兴产业研究的重要参考资料,也可供各级领导干部、有关决策部门和产业界及社会公众参考。

图书在版编目(CIP)数据

新材料产业培育与发展研究报告/屠海令等著．—北京：科学出版社，2015

（战略性新兴产业培育与发展研究丛书）

ISBN 978-7-03-043656-6

I. ①新… II. ①屠… III. ①材料工业 – 产业发展 – 研究报告 – 中国 IV. ① F426

中国版本图书馆 CIP 数据核字（2015）第 045649 号

责任编辑：马 跃 徐 倩 / 责任校对：刘文娟
责任印制：李 利 / 封面设计：无极书装

科学出版社 出版

北京东黄城根北街16号
邮政编码：100717

http://www.sciencep.com

中国科学院印刷厂 印刷
科学出版社发行　各地新华书店经销

*

2015年3月第 一 版　开本：720×1000 1/16
2015年3月第一次印刷　印张：10 3/4
　　　　　　　　　　　字数：217 000

定价：**86.00元**

（如有印装质量问题，我社负责调换）

战略性新兴产业培育与发展研究丛书

编委会

顾问：
  徐匡迪 周 济 潘云鹤 张晓强 干 勇
  陈吉宁 陈清泰 朱高峰 杜祥琬

编委会主任：
  邬贺铨

编委会副主任：
  王礼恒 屠海令 薛 澜

编委会成员（以姓氏笔画为序）：
  马永生 王崑声 石立英 卢秉恒 朱高峰
  苏 竣 李国杰 杨胜利 吴 澄 吴有生
  岑可法 张彦仲 金翔龙 周守为 孟 伟
  柳百成 钟志华 殷瑞钰 栾恩杰 唐启升
  黄其励 彭苏萍 韩英铎 管华诗

工作组（以姓氏笔画为序）：
  王刚波 王秀芹 王振海 王海南 卢跃燕
  刘佳明 许冠南 孙贵国 李 欣 李燕坚
  李应博 李艳杰 杨 榕 郝 浩 吴滟
  沙 勇 张 剑 周 源 周晓纪 赵滟
  胡良元 洪志生 黄 萃 黄 琳 崔 剑
  葛宏志

丛 书 序

进入21世纪，世界范围内新一轮科技革命和产业变革与我国转变经济发展方式实现历史性交汇，新一轮工业革命正在兴起，全球科技进入新的创新密集期，我国进入了经济发展新常态，经济从高速增长转为中高速增长，经济结构不断优化升级，经济从要素驱动、投资驱动转向创新驱动。培育和发展战略性新兴产业是党中央、国务院着眼于应对国际经济格局和国内未来可持续发展而做出的立足当前、着眼长远的重要战略决策。战略性新兴产业是我国未来经济增长、产业转型升级、创新驱动发展的重要着力点。培育发展战略性新兴产业，高起点构建现代产业体系，加快形成新的经济增长点，抢占未来经济和科技制高点对我国经济社会能否真正走上创新驱动、内生增长、持续发展的轨道具有重大的战略意义。党的十八大报告明确指出，推进经济结构战略性调整，加快传统产业转型升级，优化产业结构，促进经济持续健康发展的一个重要举措就是积极推动战略性新兴产业的发展。

"十三五"时期战略性新兴产业面临新的发展机遇，面临的风险和挑战也前所未有。认识战略性新兴产业的发展规律，找准发展方向，对于加快战略性新兴产业培育与发展至关重要。作为国家工程科技界最高咨询性、荣誉性学术机构，发挥好国家工程科技思想库作用，积极主动地参与决策咨询，努力为解决战略性新兴产业培育与发展中的问题提供咨询建议，为国家宏观决策提供科学依据是中国工程院的历史使命。面对我国经济发展方式转变的巨大挑战与机遇，中国工程院积极构建新的战略研究体系，于2011年年底启动了"战略性新兴产业培育与发展战略研究项目"，坚持"服务决策、适度超前"原则，在"十二五"战略性新兴产业咨询研究的基础上，从重大技术突破和重大发展需求着手，重视"颠覆性（disruptive）技术"，开展前瞻性、战略性、开放性的研究，对战略性新兴产业进行跟踪、滚动研究。经过两年多的研究，项目深入分析了战略性新兴产业的国内外发展现状与趋势，以及我国在发展战略性新兴产业中存在的问题，提出了我国未来总体发展思路、发展重点及政策措施建议，为"十三五"及更长时期的战略性新兴产业重要发展方向、重点领域、重大项目提供了决策咨询建议，有效地支撑了国家科学决策。此次战略研究在组织体系、管理机制、研究方法等方面进行了探索，并取得了显著成效。

一、创新重大战略研究的组织体系，持续开展战略性新兴产业咨询研究

为了提高我国工程科技发展战略研究水平，为国家工程科技发展提供前瞻性、战略性的咨询意见，以打造一流的思想库研究平台为目标，中国工程院通过体制创新和政策引导，积极与科研机构、企业、高校开展深度合作，建立创新联盟，联合组织重大战略研究，开展咨询活动。此外，中国工程院 2011 年 4 月与清华大学联合成立了"中国工程科技发展战略研究院"，2011 年 12 月与中国航天科技集团公司联合成立了"中国航天工程科技发展战略研究院"，2011 年 12 月与北京航空航天大学联合成立了"中国航空工程科技发展战略研究院"，实现了强强联合，在发挥优势、创新研究模式、汇聚人才方面开展探索。

战略性新兴产业培育与发展研究作为上述研究机构成立后的首批重大咨询项目，拥有以院士为核心、专家为骨干的开放性咨询队伍。相关领域的 110 多位院士、近 200 位专家及青年研究人员组成课题研究团队，分设信息、生物、农业、能源、材料、航天、航空、海洋、环保、智能制造、节能与新能源汽车、流程制造、现代服务业 13 个领域课题组，以及战略性新兴产业创新规律与产业政策课题组和项目综合组，在国家开发银行的大力支持下，持续研究战略性新兴产业培育与发展。

二、创新重大战略研究的管理机制，保障项目的协同推进和综合集成

此次研究涉及十多个领域，为确保领域课题组的协同推进、跨领域问题的统筹协调和交流、研究成果的综合集成，项目研究中探索了重大战略研究的管理机制，建立了跨领域、全局性的重大发展方向、重大问题的领导协商机制，并形成了组织相关部委、行业主管部门、各领域院士和专家进行重点领域、重大方向、重大工程评议的机制。项目组通过工作组例会制度、工作简报制度和定期联络员会议等，建立起项目动态协调机制。该机制加强了项目总体与领域课题组的沟通协调，推动了研究成果的综合集成，确保综合报告达到"源于领域、高于领域"的要求。

三、注重广泛调研及国际交流，充分吸纳产业界意见和国外发展经验

此次研究中，中国工程院领导亲自带队，对广东、重庆等省市战略性新兴产业的培育与发展情况进行了实地调研，考察了主要相关企业的发展情况，组织院士专家与当地政府及企业代表就发展战略性新兴产业过程中的经验及问题进行讨论。项目组召开了"广东省战略性新兴产业发展座谈会"，相关院士、专家及广州、深圳、佛山、东莞政府相关部门和广东省企业代表进行了座谈交流；与英国皇家工程院和中国清华大学共同主办了"中英战略性新兴产业研讨会"，中英相关领域院士、专家学者就生物工程、新能源汽车、先进制造、能源技术等领域开展了深入研讨；组织了"战略性新兴产业培育与发展高层论坛"；在第十五届中国国际高新技术成果交易会期间，与国家发展和改革委员会、科学技术部、工业和信息化部、财政部、清华大学联合主办了"战略性新兴产业报告会"等。

四、创新重大战略研究的方法和基础支撑，提高战略咨询研究的科学性

引入评价指标体系、成熟度方法、技术路线图等量化分析方法与工具，定性与定量相结合是此次战略研究的一大亮点。项目以全球性、引领性、低碳性、成长性、支柱性、社会性作为评价准则，构建了战略性新兴产业评估指标体系，为"十三五"战略性新兴产业重大发展方向、重大项目的选择提供了量化评估标准。产业成熟度理论的研究和应用，为准确把握重大发展方向的技术、制造、产品、市场和产业的发展状态，评估产业发展现状，预测发展趋势提供了科学的评估方法。技术路线图方法的研究与应用，为战略性新兴产业的发展路径选择提供了工具支撑。项目还开展了战略性新兴产业数据库建设工作，建立了战略性新兴产业网站，并建立了战略性新兴产业产品信息、技术信息、市场信息、政策信息等综合信息平台，为进一步深入研究战略性新兴产业培育与发展提供了基础支撑。

"十三五"时期是我国现代化建设进程中非常关键的五年，也是全面建成小康社会的决定性阶段，是经济转型升级、实施创新驱动发展战略、加快推进社会主义现代化的重要时期，也是发展中国特色的新型工业化、信息化、城镇化、农业现代化的关键时期。战略性新兴产业的发展要主动适应经济发展新常态的要求，推动发展方式转变，发挥好市场在资源配置中的决定性作用，做好统筹规划、突出创新驱动、破解能源资源约束、改善生态环境、服务社会民生。

"战略性新兴产业培育与发展研究丛书"及各领域研究报告的出版对新常态

下做好国家和地方战略性新兴产业顶层设计和政策引导、产业发展方向和重点选择，以及企业关键技术选择都具有重要的参考价值。系列报告的出版，既是研究成果的总结，又是新的研究起点，中国工程院将在此基础上持续深入开展战略性新兴产业培育与发展研究，为加快经济发展转型升级提供决策咨询。

前　言

材料是人类赖以生存和发展的物质基础，也是人类社会发展的先导。新材料是指新出现的具有优异性能和特殊功能的材料以及传统材料成分、工艺改进后性能明显提高或具有新功能的材料。融入了当代众多学科先进成果的新材料产业是支撑国民经济发展的基础产业，是发展其他各类高技术产业的物质基础[1]。

近年来我国政府高度重视新材料产业的发展，《国家中长期科学和技术发展规划纲要（2006—2020年）》不仅专门制定了新材料研究的战略规划，而且还涉及新材料产业的多个重点领域、前沿技术、基础研究和工程化专题。《"十二五"国家战略性新兴产业发展规划》和《新材料产业"十二五"发展规划》相继明确了新材料产业"十二五"发展的发展目标、措施以及重大政策制定的相关规划，同时围绕所提出的发展目标，将规划任务细化到具体产品、技术和装备，落实到重大工程，为企业决策、政府配置公共资源以及新材料产业的健康发展奠定了基础。

经过多年的努力，我国新材料产业发展取得了举世瞩目的成就，产业技术水平日益提高，产业规模不断扩大，具有自主创新能力的新材料产业体系正在形成，为我国以信息、生物、新能源、轨道交通、航空航天等为代表的高技术产业突破技术瓶颈、实现历史性的跨越发展提供了强有力的支撑。但总体上来看，我国还不是材料强国，新材料产业的核心竞争力仍需加强，以企业为主体的自主创新体系亟待完善，部分核心关键材料受制于人、高端材料对外依赖程度仍然较高等不利现状依然存在。因此，抓紧机遇，合理规划，实现我国新材料产业的变革和提升势在必行，这对加快我国经济发展方式转变、提升国防军工实力、实现节能环保目标具有重要的战略意义。

根据中国工程科技发展战略研究院"战略性新兴产业培育与发展"重大战

略研究咨询项目的统一部署，新材料课题组组长屠海令院士于2011年年底正式启动了"新材料产业培育与发展"的咨询研究工作，组织吴以成、陈立泉、李龙土、张兴栋、王一德、周玉、陈祥宝、王崇愚、毛昌辉、王继扬、卢世刚、周济、黄小卫、孙蓟泉、米绪军、肖清华、贾德昌、邢丽英、李腾飞等开展信息功能材料、新能源及节能环保材料、稀土及特种功能材料、生物医用材料、金属材料、无机非金属材料、高分子及复合材料和材料基因组工程八个领域的发展战略研究。课题组采用实地走访、专家座谈及典型企业研讨等方式开展了大量调研，在分析研究调研资料的基础上，提出了新材料产业未来一段时期的发展方向、发展目标及发展重点和政策建议，形成了《新材料产业培育与发展研究报告》。希望本报告能提供我国新材料产业顶层设计和科学部署的咨询依据，为战略性新兴产业的培育和发展做出贡献。

在研究过程中，干勇、周廉、薛群基等院士在研究原则、研究方向等方面给予了课题组大量的指导；为做好研究工作，课题组组织了一批专家学者分专题开展了大量的调研、分析和总结工作，他们分别是信息功能材料专题组的薛增泉、常青等，新能源及节能环保材料专题组的吴锋、严大洲、孟庆波、蒋利军、王力军、罗远辉、王文静、蒋有荣、周恒辉、汪继强、曾蓉、李志念、张超等，稀土及特种功能材料专题组的李言荣、姜德生、庄卫东、胡伯平、金万勤、聂祚仁、乔金樑、韩高荣、周东祥、李勃、郭海、向勇、付振晓等，生物医用材料专题组的樊瑜波、王宝亭、孙伟、蒲忠杰、殷敬华、奚廷斐、曹谊林、聂洪鑫、张璇、赵晚露等，金属材料专题组的唐荻、任忠鸣、米振莉、赵爱民、苏岚、武会宾等，无机非金属材料专题组的黄政仁、黄朝辉、熊翔、刘学建、杨治华等，高分子及复合材料专题组的李仲平、蹇锡高、包建文、冯志海、王其红、郭万涛、魏化震、朱建勋、齐楠等，材料基因组工程专题组的南策文、陈难先、薛其坤、段文晖、范天佑、韩汝珊、李殿中、鲁晓刚、莫则尧、宋海峰、汪洪、王绍青、徐东生、姚裕贵、于涛、王卓等，秘书组左家和、宋玮玮、马飞等。在本书的编写过程中，课题组得到了中国工程院一局谢冰玉局长、王振海副局长、黄琳处长等领导的大力支持及中国工程科技发展战略研究院李艳杰老师和王秀芹老师的帮助。此外，还有诸多机构和个人在课题组组织的各类实地调研、座谈会和研讨会中分享了宝贵的经验，提出了中肯的意见。对于上述给予本报告支持的单位和专家，在此一并表示诚挚的谢意！

目 录

第一章 新材料产业发展现状概述 1
　一、国外新材料产业发展现状 1
　二、中国新材料产业发展现状 6
第二章 关键新材料领域发展现状及重大技术突破 10
　一、信息功能材料 10
　二、新能源及节能环保材料 20
　三、稀土及特种功能材料 36
　四、生物医用材料 45
　五、金属材料 60
　六、无机非金属材料 72
　七、高分子及复合材料 81
　八、材料基因组工程 91
第三章 中国新材料产业发展存在的问题 100
　一、原始创新能力不足，高端产品自给率不高 100
　二、从研发到应用缺乏系统性，标准、数据库等配套体系支撑不足 101
　三、新材料投资比较分散，产业链不够完整 101
　四、政策及保障机制难以适应新材料产业发展的要求 101
第四章 中国新材料产业的发展战略 102
　一、指导思想 102
　二、发展目标 102
　三、发展重点 103

第五章 典型案例分析···131
一、高温合金材料发展路线图···131
二、人工晶体材料成熟度分析···141

第六章 政策建议···151
一、加强顶层设计，完善产业政策··151
二、发挥市场的资源配置作用，建设以企业为主体的发展体系···········151
三、加强支撑体系建设，夯实发展基础·······································152
四、设立新材料专家系统，发挥思想库作用·································152

参考文献···153

第一章

新材料产业发展现状概述

一、国外新材料产业发展现状

进入 21 世纪以来，国际金融危机影响深远，气候变化更加突出，世界范围内以知识技术密集、绿色低碳增长为主要特征的新兴产业逐渐崛起，新材料作为引导性新兴产业正成为未来经济社会发展的重要力量。

世界各国对新材料产业的关注与重视达到了一个新的高度，纷纷对新材料领域制定了相应的规划，在研发、市场、产业环境等不同层面出台政策，全面加强政策扶持力度，推动新材料产业发展。迄今为止，20 多个发达国家和新兴国家已制定了与新材料相关的新兴产业发展战略，启动了 100 余项专门计划。美国于 2009 年和 2011 年两度发布《国家创新战略》，其创新战略的核心理念是构筑"创新金字塔"，其中，清洁能源、生物技术、纳米技术、空间技术、健康医疗等国家优先发展领域都涉及了新材料技术。欧盟为实现经济复苏、消除发展痼疾、应对全球挑战，于 2010 年 3 月制定了《欧洲 2020 战略》，提出三大战略重点。2010 年，德国政府发布《创意、繁荣：德国高技术 2020 战略》。2011 年 12 月，英国商业、创新与技能部发布了《促进增长的创新与研究战略》。日本于 2010 年 6 月发布了《新增长战略》。巴西、印度、俄罗斯等新兴经济体采取重点赶超战略。韩国于 2009 年公布了《绿色增长国家战略及五年行动计划》，于 2011 年公布了《新增长动力规划及发展战略》[2]。上述规划都将新材料列为重点发展方向和发展领域，并以此作为新一轮工业革命的重要支撑（表 1-1）。

表 1-1 若干国家和地区的新材料领域战略

国家和地区	发展计划	新材料相关领域
美国	复苏与再投资法案（2009）	能源和低碳技术相关材料、信息和互联网产业相关材料、生物和医疗材料、航天材料
	国家创新战略（2011）	清洁能源、生物技术、纳米技术
	先进制造伙伴计划（2011）	材料基因组计划
欧盟	未来10年低碳技术发展路线图（2009）	风能、太阳能、智能电网等领域的相关材料
	欧洲2020战略（2010）	信息技术、新能源、生物技术
	创意、繁荣：德国高技术2020战略（2010）	纳米技术、生物技术等领域的相关材料
	促进增长的创新与研究战略（2011）	纳米技术、信息技术等领域的相关材料
	未来新兴旗舰技术项目（2013）	石墨烯
日本	战略重点科学技术项目（2008）	元素战略计划
	最先进研究开发支援项目（2010）	信息通信材料、节能和新能源材料、环保材料、生物工程材料、航空材料
韩国	绿色增长国家战略及五年行动计划（2009）	绿色能源材料
	新增长动力规划及发展战略（2011）	生物制药、发光二极管、新型半导体等领域的相关材料

在社会和经济飞速发展、全球化趋势日益加快的背景下，新材料产业的发展呈现出以下主要特点和趋势。

（一）新材料前沿技术不断突破，产业规模迅速扩大

新材料技术发展日新月异，前沿技术的突破加快了技术与生产力的转化速度。例如，微电子材料的快速突破使芯片集成度及信息处理速度得到大幅提高，芯片特征线宽不断减小，大直径硅材料在缺陷、几何参数、颗粒、杂质等控制技术方面不断完善，12 英寸（1 英寸≈0.025 4 米）硅材料可满足 22 纳米技术节点的集成电路（integrated circuit，IC）要求，18 英寸硅片已产出样片。A_2B_7 型稀土储氢合金已经实现工程化，并将 AA 电池的容量提高到 2 700 毫安时[3]。低温共烧陶瓷技术（low temperature co-fired ceramic，LTCC）的研究开发取得重要突破，将大量无源电子元件整合于同一基板内的梦想已成为可能。发现超导转变温度高达 30 开尔文的新铁基层状化合物 $K_{0.8}Fe_{1.7}Se_2$[4]。临界电流近 200 安/平方厘米，长度达到千米级的钇钡铜氧（yttrium barium copper oxide，YBCO）超导带材已经成功制备。

技术的进步推动了全球新材料产业的快速发展，2010 年已接近 10 000 亿

美元[5]。与新材料产业相关的纳米、航天、物联网等行业增长迅速，据美国国家科学技术理事会纳米分会预测，未来10～15年全球纳米相关产品市场将超过1.3万亿美元；美国航天基金会的报告表明，2011年全球航天经济总产值为2 897.1亿美元，年度增长率高达12.2%[6]；据中国物联网研究发展中心表示，2012年全球物联网市场规模已达到3 500亿美元，未来5年全球物联网产业市场规模年均增长率将达25%。十余年来，全球生物医用材料（biomedical materials）以高达约15%的复合增长率（compound annual growth rate，CAGR）持续增长，2012年市场已达1 850多亿美元，预计2015年和2020年将分别达到2 460多亿美元和3 970多亿美元[7]；在发光二极管（light emitting diode，LED）封装产业方面，2013年全球产值超过125亿美元，预计2015年将达到200亿美元，包括应用市场在内的产业链规模将达到2 000亿美元。

（二）新材料对新兴产业发展的影响日益增强

伴随着新材料研究技术的不断延展，产生了诸多新兴产业。例如，氮化镓（GaN）等化合物半导体材料的发展，催生了半导体照明技术；白光LED的光效已达276流明/瓦，远远超过白炽灯（15流明/瓦）和荧光灯（80流明/瓦），正在给照明工业带来革命性的变化。太阳能电池最高转换效率不断提高，其中晶体硅电池达到23%、薄膜电池（α-Si、CdTe、CIGS①）接近20%、有机和染料敏化电池约11%，极大地推动了新能源产业的发展[8]；质子膜燃料电池（proton exchange membrane fuel cell，PEMFC）已用于交通示范运行，从性能上看可以满足车辆的需求，为新能源汽车产业的发展奠定了基础。镁合金与钛合金等高性能结构材料的加工技术取得突破，成本不断降低，研究与应用重点由航空、航天及军工扩展到高附加值民用领域，给汽车及电子产品等行业的发展带来了变革。生物医用材料的发展为世界范围内的患者带来福音，心血管系统修复材料和器械的使用及医疗技术的进步，使心脏病死亡率下降近60%；基于分子和基因等临床诊断材料和器械的发展，使肝癌等重大疾病得以早日发现和治疗；血管支架等介入器械的研发催生了微创和介入治疗技术。生物活性物质（如药物、蛋白、基因等）的靶向/智能型控释系统及其载体材料的发展，不仅导致传统给药方式发生革命性变革，而且为先天性基因缺陷、老年病、肿瘤等难治愈疾病的治疗开辟了新的途径。

（三）跨国集团在新材料产业中仍占据主导地位

目前，世界著名企业集团凭借其技术研发、资金和人才等优势不断向

---

① CIGS：$CuIn_xGa_{(1-x)}Se_2$，即铜铟镓硒。

新材料领域拓展，已在高附加值产品中占据主导地位。信越、瓦克、住友（Sumitomo）、MEMC 公司和三菱材料公司 5 家企业就占据国际半导体硅材料市场销售额的 80% 以上。半绝缘砷化镓市场 90% 以上被日本的日立电工、住友电工、三菱化学和德国 FCM 所占有。Dow Corning 公司、GE 公司、Wacker 公司和 Rhone-Poulenc 公司及日本一些公司基本控制了全球有机硅材料市场。有机氟材料则是 Du Pont、Daikin、DN-Hoechst、3M、Ausimont、ATo 和 ICI 7 家公司占据全球 90% 的生产能力，在全球居于垄断地位。日本日亚公司在高端蓝、绿光 LED 市场具有较大优势，美国科锐（Cree）公司使用碳化硅（SiC）衬底制备 GaN 基 LED 芯片的技术具有很强的市场竞争力，飞利浦（Philips）控股的美国 Lumileds 公司的功率型白光 LED 国际领先，德国欧司朗（Osram）公司在车用、照明用领域领先，美国、日本、德国等国企业掌握了 70% 的 LED 外延生长和芯片制备核心专利技术。小丝束碳纤维的制造基本被日本的东丽纤维公司、东邦(Toho) 公司、三菱材料公司和美国的 Hexel 公司所垄断，而大丝束碳纤维则几乎由美国的 Fortafil 公司、卓尔泰克（Zoltek）公司、Aldila 公司和德国的 SGL 公司 4 家所垄断。核用锆合金市场则由九大公司所垄断，其中，法国法马通占 23%，美国西屋公司占 17%，美国通用电气占 11%，德国西门子占 10%。美铝、德铝、法铝等世界先进企业在高强高韧铝合金材料的研制生产领域占据世界主导地位，是全球航空航天、交通运输等领域轻质高强材料的供应主体。美国的 Timet、RMI 和 Allegen Teledyne 三大钛生产企业的总产量占美国钛加工总量的 90%，它们也是世界航空级钛材的主要供应商。

近年来，新兴经济体的崛起带来了全球创新要素的转移，为发展中国家的发展创造了非常有利的条件。据 2010 年联合国教育、科学及文化组织发布的报告，"金砖四国"（即中国、俄罗斯、巴西和印度）的研发投入占全球的比例从 2002 年的 10% 增长到 2007 年的 15%，发展中国家的研发人员占全球总数的比例从 2002 年的 30% 增长到 2007 年的 38%[9~11]。在某些新材料领域，新兴经济体已成为重要的市场和产业驱动力量。截至 2011 年，中国风电的新增装机容量为 18 491 兆瓦，占世界新增装机容量的 43%；总装机容量达到 63 225 兆瓦，占世界的 26%，均居世界第一位。根据世界风能协会发布的《全球风能 2011 年年度报告》，印度的风电装机量也跻身世界前五名。

（四）新材料的高性能、低成本及绿色化发展趋势明显

新材料技术的突破促使新材料产品向高性能化、多功能化、智能化发展，从而降低生产成本，延长使用寿命，提高新材料产品的附加值和市场竞争力。

新型结构材料主要通过提高强韧性、提高温度适应性、延长寿命以及材料的复合化设计等来降低成本、提高质量，如T800碳纤维抗压缩强度达到350兆帕，使用温度达到400℃以上并在大型飞机和导弹的主结构件中得到大量应用，减重效率达到25%以上；功能材料向微型化、多功能化、模块集成化、智能化等方向发展以提升材料的性能，如纳米技术与先进制造技术的融合和发展将产生体积更小、集成度更高、更加智能化、功能更优异、环境更友好的器件和系统。面对资源、环境和人口的巨大压力，世界各国都在调整新材料技术和产业的发展战略，材料的绿色化趋势日益显著，欧美等发达国家已经通过立法要求必须或鼓励使用LOW-E（low-emissivity）等节能玻璃，目前欧洲80%的中空玻璃使用LOW-E玻璃，美国LOW-E中空玻璃普及率达82%。短流程、少污染、低能耗、绿色化生产制造，节约资源以及材料回收循环再利用，是新材料产业满足经济社会可持续发展的必然选择[12]。

（五）新科技革命给新材料产业带来机遇和挑战

2011年美国发布了"材料基因组计划"（Materials Genome Initiative，MGI），并将该计划作为国家性"运动"积极地展开，借以保持和提升美国新材料的技术优势，促进其制造业的复兴[13]。"材料基因组计划"是美国"先进制造业伙伴关系"（Advanced Manufacturing Partnership，AMP）的重要组成部分，其目标是集成各个尺度的计算模拟工具、高效实验手段和数据库，把材料研发从传统经验式的"炒菜"法提升到高效率的"设计-验证"法，从而大大加快材料的研发速度、降低材料的研发成本、提高材料设计的成功率，帮助美国企业把发现、开发、生产和应用先进材料的速度提高到目前的两倍以上。美国政府在当前财政窘迫的背景下推出这项计划是由于现代材料领域的发展正面临严峻挑战，新型材料可以帮助解决新能源等很多紧迫的问题，而新型材料从发现到进入市场耗时太长。当前材料领域的发展模式是直线型的，这样的时间跨度平均是18～20年。而"材料基因组计划"旨在通过利用计算机技术的进步，直接面向最终的应用需求，根据量子力学基本原理，从原子尺度出发，进行新型材料的设计，配合快速的实验合成和检测手段，优化新材料性能，大大加速新材料从发现到走向市场的步伐，从而从根本上改变材料领域的发展模式。美国"材料基因组计划"一经提出，立刻在世界上引起巨大关注，各国纷纷出台与之相应的计划。例如，印度在2011年7月5日选择新型电池材料推出了印度版本的"材料基因组计划"。

二、中国新材料产业发展现状

经过多年的努力，我国新材料产业从无到有，得到了国家的高度重视，出台了一系列政策（表1-2），实现了快速发展，已经具备了相当的实力和优势，为促进我国材料产业升级换代、加快经济发展方式转变、提升国防军工实力及实现节能环保目标等做出了重大贡献。

表1-2　中国新材料产业相关发展规划

年份	发展计划	新材料相关领域
2006	《国家中长期科学和技术发展规划纲要（2006—2020年）》	高性能复合材料，高性能塑料，轻质高强金属和无机非金属结构材料，高纯材料，稀土材料，石油化工、精细化工及催化、分离材料，轻纺材料及应用技术，具有环保和健康功能的绿色材料；新一代信息功能材料及器件；纳米材料、超导材料、智能材料、生物医用材料、能源材料等特种功能材料
2010	《国务院关于加快培育和发展战略性新兴产业的决定》	高性能复合材料、先进结构材料、新型功能材料
2011	《当前优先发展的高技术产业化重点领域指南（2011年度）》	纳米材料、核工程用特种材料、特种纤维材料、膜材料及组件、特种功能材料、稀土材料等
2011	《国家"十二五"科学和技术发展规划》	新型功能与智能材料、先进结构与复合材料、纳米材料、新型电子功能材料、高温合金材料、高性能纤维及复合材料、先进稀土材料等
2012	《新材料产业"十二五"发展规划》	特种金属功能材料、高端金属结构材料、先进高分子材料、新型无机非金属材料、高性能复合材料、前沿新材料
2012	《半导体照明科技发展"十二五"专项规划》、《高品质特殊钢科技发展"十二五"专项规划》、《高性能膜材料科技发展"十二五"专项规划》和《医疗器械科技产业"十二五"专项规划》等	半导体照明材料、高品质特殊钢材料、膜材料、生物医用材料

（一）新材料产业规模不断扩大

2010年我国新材料产业规模超过6 500亿元[14]，2011年超过8 000亿元，2012年据初步估算已超过10 000亿元。稀土功能材料、先进储能材料、光伏材料、超硬材料、特种不锈钢、玻璃纤维及其复合材料等产业产能居世界前列。例如，稀土磁性材料、稀土发光材料、稀土储氢材料等稀土功能材料的产量约占世界总产量的80%，位居全球之首，基本形成了以稀土功能材料和应用为龙头的稀土产业格局；2011年半导体硅材料达到46亿元，约占全球份额的7%，相比2010年增长21%；半导体照明产业初步形成了从上游外延材料生长与芯片制造、中游器件封装及下游集成应用的比较完整的研发与产业体系，其中，封装技术取得显著进展，我国已成为全球重要的LED器件封装基地，2013年产值超过400亿元。

（二）新材料研究水平进一步提高

在国家大力支持和材料科技工作者的不懈努力下，我国新材料研究水平不断提高，许多重要新材料的技术指标得到大幅提升。人工晶体材料经过多年的发展，BaB_2O_4（BBO，即偏硼酸钡）和LiB_3O_5（LBO，即硼酸锂）等紫外非线性光学晶体研究居国际领先水平并实现了商品化，$KBe_2BO_3F_2$（KBBF，即氟硼铍酸钾）是国际上唯一可实用的深紫外非线性光学晶体，掺钕钒酸钇（Nd:YAG）、掺钕钆镓石榴石（Nd:GGG）和$Nd:YVO_4$等激光晶体主要技术指标达到国际先进水平，利用晶体实现了千瓦级全固态激光输出[15]。掌握了具有自主知识产权的300毫米硅抛光片和外延片的工程化技术，并成功拉制出直径450毫米的硅单晶。完成了传统型16×16 bit MRAM①器件的制备和演示工作，在国际上首次设计和制备出以外直径为100纳米的环状磁性隧道结为存储单元的，采用自旋极化电流直接驱动的新型4×4 bit Nanoring MRAM（即纳米环磁随机存取存储器）原理型演示器件。2011年实现对位芳纶系列产品的工业化生产，打破了美国、日本等少数发达国家的技术封锁。研制出强度大于800兆帕的快速凝固喷射沉积铝合金和新一代高强高韧高淬透性铝合金材料，综合性能达到国际先进水平；开发出具有自主知识产权的铜带、铜管拉铸技术及铜铝复合技术。亚微米级超细晶硬质合金整体刀具的性能达到世界先进水平。Ti-60高温合金与美国的Ti-1100和英国的IMI834合金性能相当。完成了GQ4522型高强碳纤维工程化技术攻关，研制出GZ5530型高强中模和QM4045型高强高模碳纤维。发现了第一个铁基空穴型超导体$La_{1-x}Sr_xFeAsO$，并利用高压技术在$ReFeAsO_{1-x}F_x$中发现了50开尔文以上的超导电性，发现了不含As的铁基超导体。

（三）新材料产业区域特色明显

近年来，国家相关部门为提高新材料产业发展水平，积极推动新材料产业基地建设，新材料产业基于区域基础与特色，在原有地域空间上进行资源整

---

① bit：binary digit，即比特。MRAM：magnetic random access memory，即磁性随机存取存储器。

合，呈现聚集发展的良好态势，区域特色逐步显现[16]。

国内已形成多个新材料产业城市集聚群，骨干企业和新材料产业基地主要分布在高端人才集中、科研基础雄厚、经济发达的东部地区，如北京、上海、天津、河北、山东、江苏等省市，以及资源优势明显的中西部地区，如内蒙古、四川、陕西、湖北等，且分布具有明显的地域特征，已初步形成"东部沿海集聚，中西部特色发展"的空间格局。例如，环渤海、长三角、珠三角地区依托自身的产业优势、人才优势、技术优势，形成了较为完整的新材料产业体系，中西部地区则基于原有产业基础或资源优势，发展本地区的新材料产业，具有代表性的有内蒙古的稀土新材料、云南和贵州的稀贵金属新材料、广西的有色金属新材料等，宁波的钕铁硼（NdFeB）永磁材料，广州、天津、青岛等地的化工新材料产业基地，重庆、西安、甘肃金昌、湖南长株潭、陕西宝鸡、山东威海及山西太原等地的航空航天材料、能源材料及重大装备材料的主要基地，江苏徐州、河南洛阳、江苏连云港、四川乐山等地的硅材料产业等。

（四）新材料产业的环境友好及节能减排特性不断改善

为积极应对资源枯竭和环境恶化带来的压力，新材料产业逐步改变高投入、高消耗、高污染、低效益的材料开发传统模式，提高新材料产业的资源能源利用效率、降低制造过程中的环境污染；同时大力开发节能环保新材料，调整传统产品结构，绿色生态材料的开发与应用力度不断加大。金属结构材料作为量大面广、关键支撑作用不可替代的新材料在节能减排方面发挥着积极作用。加强高强度、高韧性、长寿命的钢铁材料的研究与开发，使其进一步减轻汽车等交通工具的自身重量，降低能耗及有害气体排放。开发高性能不锈钢等绿色环保型材料，推动环保事业的发展；开发高品质电工钢，大幅度降低铁损及能耗，成为真正的节能减排、环境友好型的材料。铝、钛、镁等轻质结构材料的使用和推广对能源、资源、环境的作用日益突出，自主研制的新型阴极结构高效节能铝电解槽，大幅度降低了电解铝的能耗，为节约能源做出了突出贡献；研制的具有自主知识产权的短流程、高效、清洁的金属材料先进制备、成型与加工技术，大大降低了过程能源消耗，提高了资源利用率。实现了碳纤维复合材料在航空领域的应用，有效减轻了装备重量，降低了油耗和排放，节约了运营成本。LED产品的节能效果显著，以100流明/瓦的光效（目前我国的产业化较好水平）计算，比白炽灯节电85%；以150流明/瓦的光效（2015年我国预计达到的工程化水平）计算，比白炽灯节电90%。掌握了离线镀膜技术制备节能玻璃的产业化生产技术，2012年总产量为1.4亿平方米，为我国2020年实现建筑节能65%的目标奠定了坚实的基础。形成了完整的太阳能电池产业链，应用规模不断扩大，小功率镍氢电池和锂离子电池已经实现了产业化，质子膜燃料电池已经实现了示范应用，金属氢化物和化学氢化物等储氢材料的研发取得了一系列突破，对我国优化能源结构和环境改善具有重大意义[17]。

（五）新材料产业与经济社会的结合日益紧密

新材料产业的持续进步，为我国能源、资源环境、信息领域的经济社会的发展提供了重要的技术支撑和物资保障。镍氢动力电池、锂离子动力电池和燃料电池(fuel cell，FC)等新能源材料的技术进步，促进了电动车的发展，产品在北京奥运会、上海世界博览会和"十城千辆"等电动汽车示范运行中得到应用，为发展新型能源、减少环境污染起到了良好的示范作用。膜材料在我国海水淡化方面已经获得应用，初步具备了反渗透海水淡化的生产能力，使海水淡化成为我国沿海地区供水安全保障体系的重要组成部分。微电子材料的技术进步有力支撑了国内集成电路和信息产业的高速发展，对我国逐渐发展为世界微电子产业中心起到了推动作用，目前我国集成电路市场占世界市场的份额呈现加速增长的趋势。激光晶体和非线性激光晶体等光电子材料的技术进步，推动了我国全固态激光材料、器件和应用研究的发展，并在激光显示领域呈现发展潜力。以有色金属结构材料、难熔金属、高温合金和碳纤维及其复合材料为代表的高性能结构材料是国民经济发展的重要基石，也是当今高技术发展不可缺少的关键材料，在保障国家经济建设、国防安全及社会发展方面发挥着重要的支撑作用，尤其对高速铁路、大飞机、载人航天和探月工程等重大工程的顺利实施做出了贡献。

（六）人民生活与健康对新材料的需求增强

随着人口老龄化，自然灾害、运动和交通事故等因素导致的中青年创伤的增加，以及重大疾病患者的激增，民生对生物医用材料的需求日益增强。十余年来，我国生物医用材料市场以高达30%左右的复合增长率持续增长，远高于国际市场的15%，2012年销售额已达120多亿美元，占同期国际市场的6.5%左右，预计未来几年复合增长率可保持在25%左右。截至2012年6月，全国生物医用材料生产企业有2 000多家，主要集聚在长三角、珠三角、环渤海湾以及新形成的成渝地区，产品已覆盖国际市场的大部分品类，虽然生产企业的90%以上为中小企业，但大型龙头企业已开始萌生，行业的技术层次亦有大幅度提高，冠脉支架和骨创伤修复器械已基本实现国产化。生产及售后监管工作亦逐步完善，并与国际接轨，国家食品药品监督管理总局（China Food and Drug Administration，CFDA）已相继建立13个与生物材料（biomaterials）相关的技术标准化委员会，制定和修订了一批国家和行业标准。

第一章

关键新材料领域发展现状及重大技术突破

一、信息功能材料

信息功能材料涉及信息提取、转换、存储、处理和利用，本书所述的信息功能材料主要包括微电子材料、光电子材料、电子元器件关键材料、信息防护材料、碳基材料等。微电子材料是微电子和信息产业发展的基础支撑，包括硅、GaAs、SiC 等各类衬底、栅介质、存储介质、集成电路配套材料等。光电子材料包括半导体照明与显示材料、光电功能晶体、红外探测材料和硅基低维光电子材料等。电子元器件关键材料包括靶材、光纤、磁性材料、电真空材料等。信息防护材料包括电磁屏蔽材料、隐身材料、抗辐射加固材料等。近年来，具有特殊物理性能的碳基材料，如碳纳米管、富勒烯和石墨烯等，已成为新一代信息功能材料的研发热点，逐步得到产业界的重视。

（一）国外发展现状

硅材料是应用最广泛的集成电路衬底材料，是半导体和集成电路产业的基础支撑，2013 年全世界硅材料实现销售收入 75 亿美元。在全球半导体市场复苏的整体带动下，预计未来硅材料需求将保持稳定增长。图 2-1 为 2003～2013 年全球半导体用硅片的销售收入和增长情况。全球硅单晶及硅片生产主要在日本、美国和德国，中国、韩国和芬兰等国也是重要的生产基地。目前国际上直径 300 毫米硅片产业化技术可满足 22 纳米集成电路要求，并研制出直径 450 毫米的硅单晶样片，预计 2016～2018 年可开始批量生产；2019 年前硅材料需满足 16～14 纳米集成电路的要求，2030 年前需满足 10 纳米集成电路工艺要求[18]。

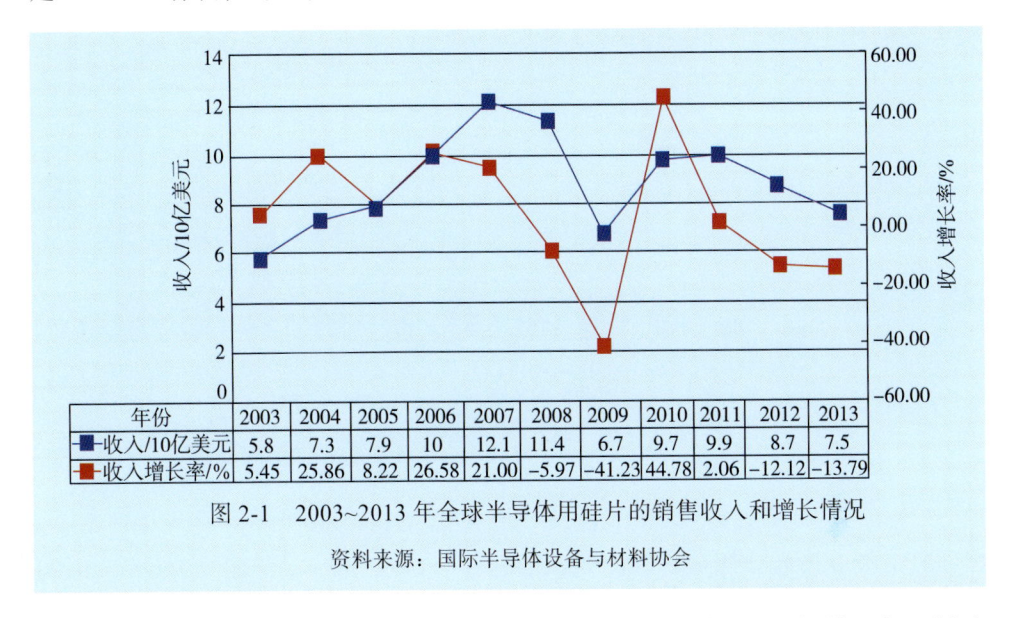

年份	2003	2004	2005	2006	2007	2008	2009	2010	2011	2012	2013
收入/10亿美元	5.8	7.3	7.9	10	12.1	11.4	6.7	9.7	9.9	8.7	7.5
收入增长率/%	5.45	25.86	8.22	26.58	21.00	-5.97	-41.23	44.78	2.06	-12.12	-13.79

图 2-1　2003~2013 年全球半导体用硅片的销售收入和增长情况

资料来源：国际半导体设备与材料协会

应变硅、绝缘体上硅（silicon-on-insulator，SOI）等材料有利于实现低功耗、多栅器件结构及三维集成，是体硅的重要补充和替代。应变硅分为全局应变硅和局部应变硅，目前全局应变硅技术已达到 65 纳米、直径 300 毫米的水平；得到较多应用的是局部应变硅，65 纳米集成电路制程中多采用此技术。SOI 技术已达 45 纳米、直径 300 毫米水平，但在极大规模集成电路中的实际应用尚少；未来可能批量商业化应用于 22 纳米，预计 16 纳米以下技术将以全耗尽 SOI 为主。2007 年国外 19 家公司组成了 SOI 工业联盟，法国 Soitec、日本信越和德国世创的产品占全球 SOI 的 90% 以上。

以 SiC 和 GaN 等宽带隙半导体材料为代表的第三代半导体受到越来越多的关注，图 2-2 为 2012～2022 年全球 GaN&SiC 功率半导体市场成长趋势及预测。目前这类材料已在人造卫星、火箭、雷达与通信、战斗机、海洋勘探、地震预报、石油钻井、汽车电子化等重要领域得到很好的应用。国际市场上主流的 SiC 衬底和外延片以 3 英寸和 4 英寸为主，2012 年市场规模达到 4 亿美元，主要集中在美国（75%）、欧洲（19%）和日本（5%），其中美国科锐公司的 SiC 产量占全球市场的 60% 以上，未来 5 年 6 英寸的产品有望成为主流。我国已经形成了以成熟的 2～3 英寸 SiC 为主、4～6 英寸 SiC 研发为辅的格局，但在品质上与欧美产品尚有较大差距。GaN 衬底已形成以美国、亚洲、欧洲三大区域为主导的产业分布。在大尺寸、低成本 Si 衬底上外延 GaN 材料方面，2012 年比利时微电子研究中心（Interuniversity Microelectronics Center，IMEC）实现了在 8 寸 Si 片上制备耐高电压的 GaN 外延片。

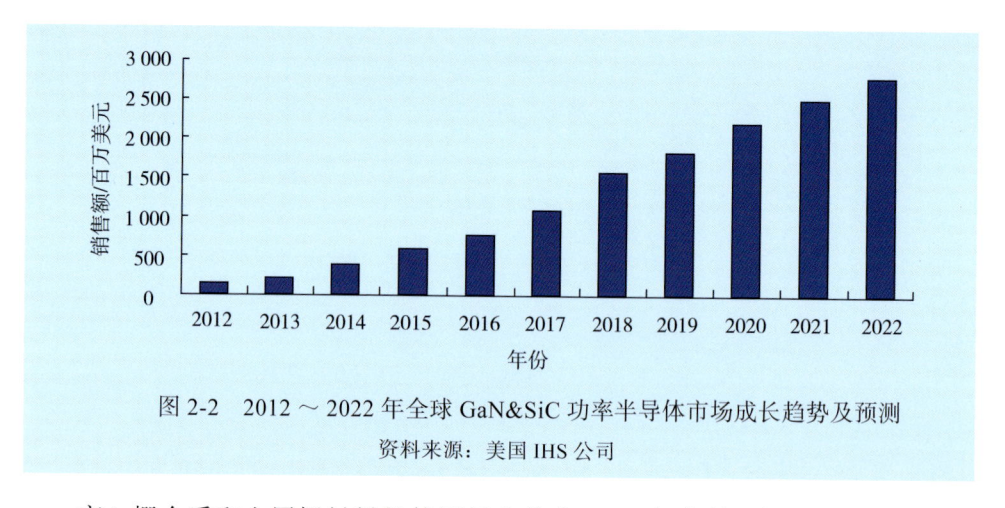

图 2-2　2012～2022 年全球 GaN&SiC 功率半导体市场成长趋势及预测

资料来源：美国 IHS 公司

高 k 栅介质和金属栅材料的使用标志着自 1960 年多晶硅栅极 MOS（matal oxide semiconductor，即金属氧化物半导体型场效应管）晶体管推出以来，集成电路技术发展中最重大的革命。目前国际上高 k 栅介质材料以 HfO_2 和 ZrO_2 等 ⅣB 族元素氧化物为主，Intel 公司在量产的 45 纳米 Penryn 核心 Xeon 处理器中成功引入了高 k/ 金属栅技术。目前国际性联合研发组织，如美国的 SEMATECH、比利时的 IMEC 和日本的 MIRAI 等正在开展新一代半导体栅介质材料制造技术的研究和开发。

在存储材料方面，2011 年相变存储材料的单元尺寸已小于 NOR Flash（即或非型闪存），未来可望大规模取代 NOR Flash 打入市场，但其最大存储温度尚不能满足要求。针对阻变材料及其器件的研究很多，欧盟、韩国、日本、中国等诸多企业和研究机构对阻变存储研究均投入了较大的研发力量，但还需要深入研究阻变机理，解决器件的耐久性与转变过程中转变参数的离散性等问题。自旋电子材料（磁电子材料）是具有发展前景的高性能磁敏感材料和海量存储器材料，美国、日本等国已经研制出多种 MRAM，其中，磁场驱动型 16 兆 MRAM 产品已成规模投入使用，并在今后 5～10 年内有望获得 1～10 GB（即十亿字节）具有数据非易失性的电流驱动型磁随机存储器（spin-transfer torque-magnetoresistence random access mermory，STT-MRAM）突破和应用。

随着全球半导体照明产业快速发展，衬底材料受到广泛关注。衬底材料是半导体照明的基础，包括蓝宝石、SiC、Si、GaN 和 GaAs 等，最广泛的商用衬底是蓝宝石和 SiC。蓝宝石是目前运用最广泛、产业化程度最高的 LED 衬底材料。根据 Yole 公司统计，全球蓝宝石生产商对 LED 外延供货量已达 LED 产品销售总额的 92% 以上；随着 LED 产业链下游需求不断扩大，蓝宝石市场呈现快速发展的趋势，2013 年 LED 蓝宝石形成总额约 3.92 亿美元的市场规模。SiC 衬底具有宽禁带、高热导率、高电子饱和迁移速率、高击穿电场等特性，与 GaN 间晶格失配远小于蓝宝石，是适于 GaN 薄膜生长的关键衬底材料，美国科锐公司代表着世界 SiC 衬底的最高技术。到 2013 年年底基于 SiC 衬底的大功率白光 LED 光效已达 276 流明/瓦，SiC 在半导体照明领域有广阔的发展前景。

在人工晶体材料方面，美国、俄罗斯和日本具有明显的技术优势和产业优势。例如，美国在大尺寸高质量的 Nd:YAG 和磷锗锌（$ZnGeP_2$，ZGP）晶体的生长、加工及产业化方面具有明显的优势；俄罗斯在新红外非线性 Li_2InS 类晶体研制方面有优势；日本在大尺寸硼酸锂铯（CLBO）研制、GaN 和氧化锌（ZnO）等衬底晶体产业化方面具有优势，Nd:YAG 透明激光陶瓷居国际领先地位；以色列生产了高质量磷酸钛氧钾（$KTiOPO_4$，KTP）系列晶体，除满足高功率倍频应用外还可用做电光晶体。中国在 BBO 和 LBO 等紫外非线性光学晶体研究方面居国际领先地位并实现了商品化[15]，KBBF 深紫外非线性晶体研制和应用得到国内外的普遍认可。激光晶体已向大尺寸、高质量、高热导率、各种新波段方向发展；非线性光学晶体在进一步完善深紫外波段应用基础上，发展红外乃至太赫兹波段新晶体。新的压电晶体、铁电晶体、闪烁晶体、衬底晶体的产业化也是国际重视的发展趋势。

在红外探测材料和技术方面，美国处于领先地位，主要有雷声、洛克希德-马丁、霍尼韦尔、波特兰前视红外系统公司等，其中，雷声和波特兰前视红外系统公司占据美国市场的 80% 以上。日本有三菱电机、日本电气、日本航空电子、NEC、日本电子数据和日本巴恩斯等。欧洲有英国的 GEC-MACONI、法国的 Sofradir 和 CEA-LETI、荷兰的 AGMA、比利时的 IMEC、德国的 AEG 红外组件和 STNATLAS 电子等。碲镉汞探测器是目前应用最广泛的红外光电探测器之一，已研制、生产的商用碲镉汞红外焦平面探测器有长波 640×480 元、中波 2 048×2 048 元、短波 4 096×4 096 元、双色/双波段 1 280×720 元。量子阱红外探测器（quantum well inforared photodetector，QWIP）材料是长波制冷型红外焦平面器件的主要分支之一，美国国家航空航天局（National Aeronautics and Space Administraction，NASA）和美国陆军研究实验室（Army Research Lab，ARL）联合研制的大面阵 1 024×1 024 元长波红外焦平面及美国国家航空航天局喷气推进实验室（Jet Propulsion Laboratory，JPL）研制的 1 024×1 024 元双色、640×512 元四色红外焦平面，代表了当前 GaAs/AlGaAs 量子阱红外探测器的最高研究水平。新型的二类应变层超晶格（strained-layer superlattice，SLS）材料具有很高的量子效率，可以减少积分时间，雷声公司和喷气推进实验室获得了 640×512 元规格的二类 SLS 中波红外焦平面探测器。此外，量子点红外探测器（quantum dot infrared photodetectors，QDIPs）材料、近室温铟钾砷（InGaAs）材料、非制冷型的氧化钒（VO_x）及热释电材料也是国际重视的发展方向。

重大技术突破专栏

大尺寸硅单晶及第三代半导体材料产业化技术

大直径硅材料是集成电路产业主要的原材料。目前半导体晶圆的主流尺寸是 300 毫米。但半导体领域的趋势是线宽微细化和晶圆尺寸的大直径化。大直径化带来的优点是单个硅片产出的管芯数量明显增多，硅片面积的利用效率提高，单位成本显著降低，进而带来芯片和系统的价格下降，产品更具有竞争力，下一代晶圆尺寸将以 450 毫米为主。以 SiC、GaN 为代表的第三代半导体材料以其具有的高发光效率、高热导率、耐高温、抗辐射、耐酸碱、高强度和高硬度等特性，在发光器件、探测器和高温大功率微波电子器件等光电子和微电子领域具有广泛的应用前景。当前，在 450 毫米硅单晶方面要重点开展单晶生长、硅片加工工艺技术及相关设备和原辅材料的研究，形成 450 毫米硅单晶、抛光片及外延片一系列自主创新的工程化技术；在第三代半导体材料方面，要突破第三代半导体器件专利壁垒，研制出满足未来半导体器件与系统需求的超高频、大功率 SiC 和 GaN 等半导体材料，开发半导体器件及 LED 照明封装技术及配套的核心设备，促进其在照明、电力、通信、IT 及军工等领域的应用和发展。

光纤材料方面，2009 年全世界通信光纤产量为 1.74 亿千米，中国占 43.7%。特种光纤材料方面，国际上 Nufern、Coractive、Liekki Corning、OFS、Fibercore 和 Stockyale 等公司主要从事各种有源与无源光纤的研制与生产，目前大模场双包层掺镱光纤的纤芯直径 Nufern 达 70 微米，Liekki 公司达 100 微米，而 IPG 公司达 200 微米。目前，ITF 能提供 $N:1$ 及 $(N+1):1$ 的集束器，每路输入功率达 100 瓦，总输出功率可达 700 瓦；而 IPG 代表的最高水平是每路输入功率可达 1 000 瓦，总输出功率可达 7 000 瓦。JDSU 公司采用 6/125 微米光纤隔离器，能够承受 10 瓦的光功率。OFR 公司可以提供 30 微米的大模场光纤隔离器，承受功率达到 30 瓦。

磁性材料在信息领域有广泛应用，利用巨磁阻（giant magneto resistive，GMR）自旋阀材料研制的新一代硬盘和读出磁头，已将存储密度提高了几个量级，超过已有的其他存储模式，目前 GMR 磁头已占磁头市场的 95%。利用

GMR 效应开发的 MRAM 是非挥发性新型存储器,具有抗辐射和干扰、功耗和成本低、寿命长等优点,广泛应用于计算机芯片、移动电话、传真机、录像机、数码相机和大容量存储器等,特别是用于军事、航空和航天领域。GMR 效应与微电子结合的磁电子器件产品不断涌现,迅速进入民用和军用各个领域。电磁屏蔽材料在国外已形成完整产品系列,目前具有代表性的生产企业主要有美国的 Tecknit 公司、PPT 公司和派克·汉尼汾公司密封集团,法国的玛谱公司,日本的 TDK 公司和海尔滋化学株式会社等。美国 Emerson 公司、英国 Plessy 公司、德国 MBB 公司和日本 TDK 公司等隐身材料产品频率已覆盖 1～100 吉赫兹范围。已在 F-22、F-35、T-5 等新一代军机上得到应用。近年来超材料的兴起为电磁屏蔽材料和隐身材料提供了新的发展方向,2010 年英国帝国理工大学研制成功对光波隐身的弹性薄膜,引起了全世界的广泛关注。

(二)国内发展现状

我国硅材料销售额由 1998 年的 4.26 亿元上升到 2012 年的 40 亿元,约占全球份额的 7%。直径 200 毫米的硅片已实现批量生产,直径 300 毫米的硅单晶抛光和外延片可达 90 纳米水平,正在开展产品应用评估,直径 450 毫米的单晶于 2002 年首次拉制成功,目前关键技术尚处于研发阶段,不具备工程化能力[19]。国内已开发出 200 毫米 SOI 硅片制备技术,100～150 毫米 SOI 硅片年生产能力达 3 万片,但尚未应用于极大规模集成电路。与国际上垄断性硅企业明显不同,国内硅企业多属于中小企业,生产规模不大、资金和技术实力不强。目前直径 150 毫米硅片满足本土企业需求,直径 200 毫米硅片可批量供应,直径 300 毫米硅片正在进行产品评估。

重大技术突破专栏

低维材料及超材料研发技术

低维材料由于其独特的结构,在电子信息、新能源、航空航天、生物和军工等领域应用前景广阔。以石墨烯、碳纳米管等为代表的新型碳纳米材料具有轻质、高强、高模量、高韧性,并具有高导热/电、耐磨、低热膨胀等特性,在航天、航空、电子、交通等领域具有巨大的应用潜力。此外,美国在 2013 年 5 月掌握了使用价格低廉的二硫化钼制备高质量原子量级半导体薄膜(薄膜厚度仅为单原子直径)的新技术,此技术的推广将实现把现有半导体技术的规模缩小到原子量级的目标,意义重大。超材料以其在关键物理尺度上的有序设计,具有超出自然界固有的普通性质的超常材料功能,包括负折射材料、光子晶体、超磁性材料等,在太赫兹领域、光量子领域及天线等领域展现了优异前景。

2008~2015年中国集成电路市场规模与增长见图2-3。

图2-3　2008～2015年中国集成电路市场规模与增长
资料来源：赛迪

第三代半导体材料方面，国内多家高校、科研院所和企业在SiC晶体生长和后加工等方面取得很大进步，已制备出可供应用的3英寸SiC晶片，但与国外相比仍有待改进，目前仅少数公司可商业化生产2英寸、3英寸晶片，而在品质上与欧美产品尚有较大差距，微管和位错密度难以满足微电子工业要求[20, 21]。在2英寸Si片上制备的LED技术芯片，产业化水平已达到120流明/瓦，开展了4～8英寸Si片上生长GaN材料的技术研究。蓝宝石上外延GaN技术方面，我国部分外延芯片企业已开展4英寸蓝宝石衬底外延GaN技术研究，但产业化仍以2英寸衬底为主。当前，我国的第三代半导体领域除了在半导体照明领域具有一定的技术实力与产业规模外，其他技术实力与核心专利较国外相对落后，主要表现在以下方面：缺乏大尺寸、高质量的SiC与GaN单晶衬底制备和材料外延的核心设备与技术；器件和应用领域缺乏国际一流的半导体集成电路设计、生产企业和相应的产业经验；封装材料与技术也落后于行业顶尖公司5年以上。此外，目前第三代半导体器件产品的成本偏高和较长时间的客户验证也是主要的制约因素。

高k栅介质方面，我国针对在MOS（即金属氧化物半导体）器件中采用新结构、引入新型铪基氧化物高k栅介质等方面开展了一些研发工作。研究了新型高k栅介质和金属栅电极材料与MOSFET器件集成工艺、可靠性等问题，研究涉及材料工程、界面工程、工艺整合与集成技术和模型模拟等方面工作，对更小特征尺寸下集成电路性能的提高起到了举足轻重的作用。目前，国内高k/金属栅技术已经成功应用在22纳米技术CMOS工艺方案中。16纳米及其以下技术节点的技术攻关正在进行[22]。

自旋电子学材料研究方面，国内高校与科研院所在基础研究方面取得了一些在国际上有影响力的研究成果，主要集中在 GMR 和庞磁阻结构、稀磁半导体、多铁性材料、有机磁分子材料及新型磁存储器件方面。重点开展了 MRAM 的基础研究，完成了传统型 16×16 bit MRAM 器件的制备和演示工作，在国际上首次设计和制备出以外直径为 100 纳米的环状磁性隧道结为存储单元的，采用自旋极化电流直接驱动的新型 4×4 bit Nanoring MRAM 原理型演示器件。

半导体照明材料方面，我国半导体照明产业前端以进口为主，后端以国产为主并有一定量出口，产业发展和市场需求增长迅速，2011 年产业规模达 1 500 亿元[23]，在 LED 外延材料、芯片制造、器件封装、荧光粉和功能性照明应用等方面均已拥有自主知识产权的单元技术，部分核心技术具有原创性，初步形成了从上游材料与芯片制备、中游器件封装到下游集成应用的较完整的创新体系与产业链。图 2-4 为 2006～2013 年我国半导体照明产业各环节产业规模，LED 关键材料如 MO（即高纯金属有机化合物）源（金属有机物气体材料）、荧光粉和硅胶等过去主要从美国、日本、俄罗斯等国家进口，目前，国内企业已能提供这些材料，但技术水平、产品品质和市场份额等与国外相比尚有较大差距[24]。半导体照明产业的核心设备——MOCVD（metal organic chemical vapor deposition，即金属有机物化学气相沉积）设备目前大部分依靠进口，2013 年我国 MOCVD 数量达到 1 080 台。未来几年，我国对这类设备的需求仍将保持较高的增长速度，预计 2015 年将达 1 500 台。

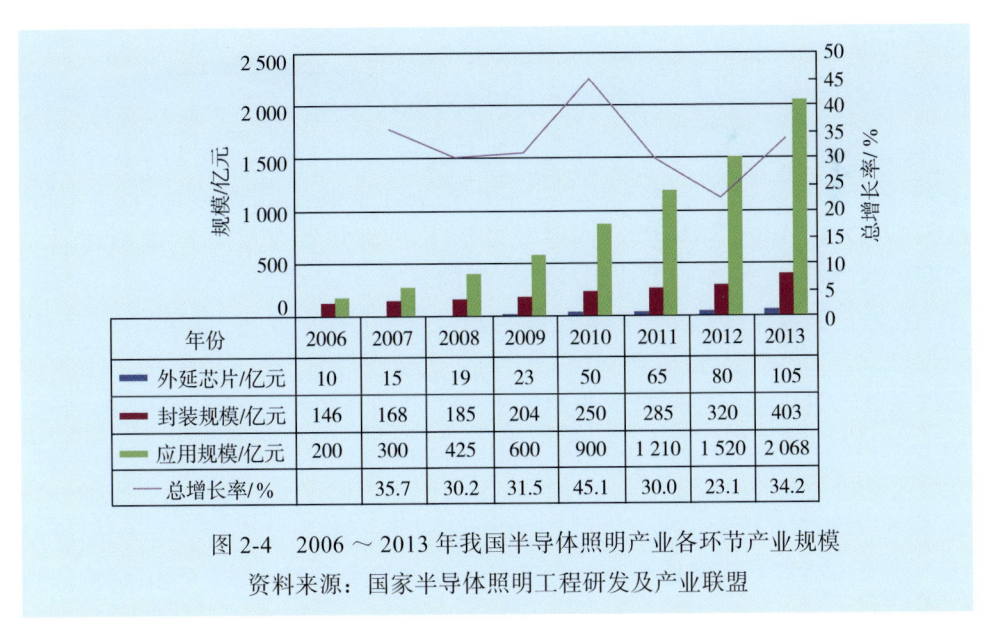

年份	2006	2007	2008	2009	2010	2011	2012	2013
外延芯片/亿元	10	15	19	23	50	65	80	105
封装规模/亿元	146	168	185	204	250	285	320	403
应用规模/亿元	200	300	425	600	900	1 210	1 520	2 068
总增长率/%		35.7	30.2	31.5	45.1	30.0	23.1	34.2

图 2-4　2006～2013 年我国半导体照明产业各环节产业规模
资料来源：国家半导体照明工程研发及产业联盟

我国功能晶体产业化渐成规模，激光晶体，特别是 Nd:YAG 晶体已有一定规模。至 2011 年，我国激光晶体除供国内产业需求外，国际市场占有率已达三分之一左右；非线性光学晶体产业已成为国际市场的主体，占有 80% 以上的市场份额，特别是无机非线性光学晶体及介电体超晶格材料的研究和开发在国际上占有领先地位。闪烁晶体高技术产品满足国际重大工程需求，在国际招标中多次中标，并可满足医疗仪器的市场需求，压电晶体等也有一定的市场规模。但我国功能晶体企业规模普遍较小，整体水平处于国际产业链中的前端，所生产的产品多为原晶或经简单加工的一般器件。高质量的产品，如高功率激光器用的激光晶体，高抗光损伤阈值的 KTP 晶体，大尺寸的 BBO 晶体、稀土溴化物晶体以及大量晶体器件仍靠从先进工业国家进口。晶体生长、加工、镀膜的先进设备发展相对滞后，产品发展无序，晶体检测标准、仪器设备和数据库建设尚未有统一规划，难以满足快速发展的高技术产业和国家安全的需求。

红外探测器方面，近几年来随着物联网技术的蓬勃兴起，我国红外探测材料与器件呈现出迅速发展的态势，相关技术迅速从军用领域向民用领域拓展。国内制冷型探测器（包括锑化铟和碲镉汞）达到的水平是中波（3～5米）有 256×256 元、512×512 元、320×256 元和 640×480 元，长波（8～12米）针对不同焦距的焦平面阵列有 160×160 元、320×240 元、384×288 元，但性能尚待稳定，需要改进大尺寸碲锌镉衬底单晶片的制备工艺、保证大面积组分的均匀性、降低外延层中的缺陷密度等。国内开展了非制冷型红外探测器的研制，已有部分产品面世。非制冷型红外探测芯片原来主要从美国、法国等国家进口，但近几年取得了较大进展，低成本非制冷型红外探测材料和器件通过与 MEMS（即微机电系统）技术的结合，整体技术水平得到了较大提升，并已开始进入产业化阶段。开展了光读出型 MEMS 非制冷型红外传感芯片研制，目前已进入产业化中试阶段。开展了非晶硅薄膜晶体管（α-SiTFT）型非制冷型红外探测器研究，其工艺与集成电路完全兼容，已研制出了 8×8 元，$D^*=1.02\times 10^9 W^{-1}\cdot cm\cdot Hg^{1/2}$。同时还开展了 α-Si 电阻型非制冷探测器以及铝和 SiN_x 微悬臂热膨胀型非制冷探测器的研究。

我国是世界光纤材料生产和消费大国。我国光纤产业在 3G 通信产业的强劲拉动下，2009 年产量达到 0.76 亿千米，占全世界总产量的 43.7%。2011 年我国光纤产量占世界总产量的 50%，光纤生产用预制棒进口量已从 80% 降至 50%，高端特种光纤技术水平与国外相比尚有差距。国内目前有诸多单位从事光纤及其相关器件的研发工作，主要从事大模场面积有源光纤和无源光纤、特种光纤等光纤产品的研发，拥有完整的特种光纤科研生产线，包括光纤设计、预制棒制备、预制棒加工、光纤拉丝及涂覆和分析测试。我国在特种光纤的开发研制方面取得了较大的进展，在各类光子晶体光纤的研制方面也取得了显著进展。

在电磁兼容屏蔽材料方面，我国已制定了数十个国家标准和军用标准，推动了电磁兼容屏蔽材料的发展。低频强磁场屏蔽材料、高效能静磁场屏蔽材料研究工作取得较好进展，已有部分产品实现应用。但由于我国在该领域系统研究工作起步较晚，在基础材料和技术水平方面的提高不大，需要继续加大研究力度，进一步加强屏蔽材料标准化、系列化、通用化建设，缩小与先进国家技术水平的差距，更好地满足需求。

隐身吸波材料方面，我国从20世纪80年代中后期开始开展研究，到2000年进入快速发展阶段，先后有近百家单位开展相关研究，取得了长足进步，已大大缩小了与国外水平的差距。飞行器雷达吸波涂料的频率拓宽到2～40吉赫兹，地面多频谱隐身材料频率覆盖0.5～18吉赫兹、30～100吉赫兹，兼容红外隐身8～14微米，达国际先进水平；座舱ITO（Indium TinO$_x$，即氧化铟锡）膜、高温吸波结构材料取得突破，部分材料已在多个重点国防工程上得到应用。存在的主要问题是材料尚未形成系列化和标准体系，研发队伍分散，前沿新材料和技术创新能力不足，缺乏共性技术工程化应用和产业化平台，产业化进程滞后。

在航天技术发展和军用技术需求推动下，高性能抗辐射加固屏蔽材料从20世纪90年代初开始受到国内关注，经20多年发展，在轻质高效抗高能粒子和射线复合屏蔽材料等方面取得进展。国内研制了有效屏蔽组元达40wt%（重量百分比）以上的结构/功能一体化铝基复合屏蔽材料，具有我国完全自主知识产权，已实现批量生产和应用。制备了以铅（Pb）、钡（Ba）、二氧化钛（TiO$_2$）、二硼化钛（TiB$_2$）等为抗辐射强化相，铝基体的抗辐射自生梯度的复合材料。研制的某轻质复合屏蔽材料的抗拉强度达到了250兆帕，延伸率大于8%，高能态X射线的吸收率达到了18%。目前主要的不足是材料体系单一，应用范围尚待拓展，与器件加固技术的衔接不够，工程化和产业化尚处于初始阶段。

超材料方面，近年来国内已有数十家高校和科研机构开展相关研究工作，但目前基本处于基础研究阶段。深圳光启研究院作为超材料应用的开拓者，已开发出了一系列用于微波通信技术和光学器件的新型超材料器件，并形成了一定的规模。

我国已较早研制出GMR传感器芯片和传输速度大于100兆赫兹的高速磁电耦合器，可用于磁盘等IT产品与通信领域。新型磁存储器的研究取得了具有国际影响的成果，成功地设计、制造成纳米环形、椭圆形存储元件。研制出了新型磁电控制三极管和集成电路，其创新包括纳米环形隧道结的加工制备技术、小电流实现磁矩反转、电流驱动下弱信号检测。有机单分子磁矩研究取得技术上，以美国 SunPower 和日本 Panasonic 为代表，高效电池组件效率已达到 24%，新技术不断探索与应用，成本持续下降，高效电池技术蓄势待发，未来可能成为投资热点。至 2012 年全球电池产品仍以晶硅电池为主，竞争激烈，多数企业亏损，甚至陷于破产重组的困境。德国、美国、日本等国技术优势明显，但成本较中国产品高约 30%。在传统薄膜电池上具有优势的德国、美国公司由于经营困难，先后将技术或工厂转让。多晶硅材料的生产仍以美国、德国、韩国三国为主，在政府政策鼓励和大量财政援助下，依靠自备电厂或优惠电价条件，大量扩产并大幅倾销中国，德国 Wacker、美国 Hemlock 和 REC 等公司产能分别从 2 万～3 万吨扩产到 5 万吨，依靠长单高价捆绑中国太阳能电池下游客户，同时低价倾销打压中国多晶硅产业。多晶硅的生产除 REC 公司采用硅烷流化床生产粒状多晶硅外，均以改良西门子为主。

在薄膜太阳能光伏产业方面，2006～2012 年全球薄膜电池产量总体上为增长趋势，见图 2-6，其中，2011 年产量较 2010 年产量增长 47.9%；2012 年产量下滑，较 2011 年降低了 14.8%。硅基薄膜电池由于其转换效率没有得到明显提升，长期衰减问题也未能得到较好解决，加上晶硅电池价格下降，其市场份额逐渐下滑。硅基薄膜电池厂商相继破产或退出该业务，美国 Uni-Solar、夏普、欧瑞康、正泰等公司相继破产或退出硅基薄膜电池业务。在碲化镉电池产业方面，由于技术和成本原因，美国 Abound Solar 破产，GE Solar 推迟建设。CIGS 电池产业发展呈现冰火两重天，2012 年日本 Solar Frontier 销售收入达 8.33 亿美元，取得历史最好成绩；而美国的 Solyndra 破产，Global Solar 与 Nanosolar 相继裁员。

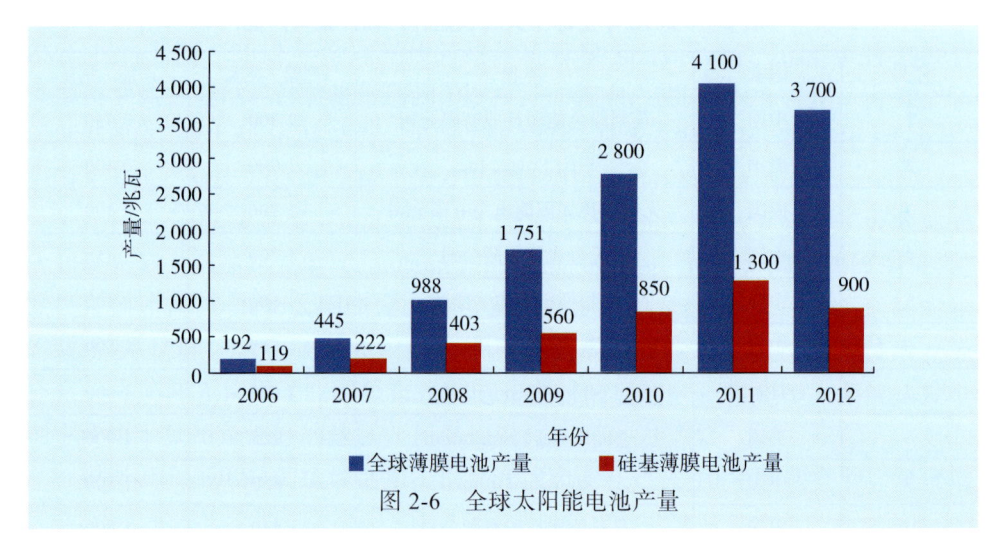

图 2-6 全球太阳能电池产量

过去 10 年，太阳能电池技术取得了快速进步，电池的转换效率提高了

5%~7%，而成本不断下降。按照产品分类，2012年商业化的电池组件转换效率分别如下：单晶硅19.5%、多晶硅17.5%～18%、CIGS 15.7%、CdTe 12.8%、硅基薄膜6%～10%。根据美国Solar-Buzz公司统计，晶体硅组件已降至1美元/瓦，预计2015年将下降到0.8美元/瓦以下，薄膜组件成本下降到0.7美元/瓦以下。

实验室研究成果表明，单晶硅电池最高转换效率为25%，多晶硅电池达到了20.4%；薄膜电池中的CIGS电池约为20%，CdTe电池最高转换效率约为16.7%；有机和染料敏化电池最高转换效率为11.1%；Ⅲ～Ⅴ族化合物叠层电池最高转换效率约为41.6%。由此可见，太阳能电池技术有很大的发展空间。各种类型电池实验室及规模化的生产情况[27]见表2-2。

表2-2 各种类型电池实验室及规模化的生产情况（单位：%）

电池类型	材料	转换效率 实验室	转换效率 规模化生产	目前状态	2012年市场份额
晶体硅	单晶硅	25	18.5～19.5	大规模量产	89
	多晶硅	20.4	17～17.8	大规模量产	
薄膜	非晶硅	11	7	规模量产	11
	非晶/微晶硅（2叠层）	13	9～10	规模量产	
	碲化镉	16.7	11	规模量产	
	CIGS	20.3	11～13	规模量产	
	其他	5～10	5	小规模量产	
第三代	镓铟磷/镓铟砷（3叠层+聚光）	41.6	39.2	试产	可忽略
	量子点/中间带	40～80（理论值）	无	研发	0

为了提高太阳能电池性能、降低成本、促进太阳能电池大规模应用，国际能源署、美国能源部及日本等国家和组织制定了未来10～20年技术路线图。未来10～20年太阳能电池性能提升和成本降低在很大程度上依赖于材料性能的提高和新材料的应用。2009年日本NEDO（The Now Energy and Industrial Technology Development Organization）对2007年制定的PV Road Map 2030进行了修订，见图2-7，至2020年太阳能电池技术不会出现根本性的改变，仍以晶体硅、薄膜硅、CIGS为主，通过提升材料性能和电池制造水平，可实现更高的转换效率（20%）和更低的成本这一目标；2020～2030年将利用新材料实现技术革新，使转化效率达到30%，实现太阳能电池的实用化；2030年以后将实现利用新原理和结构的超高效太阳能电池（大于40%）的应用。

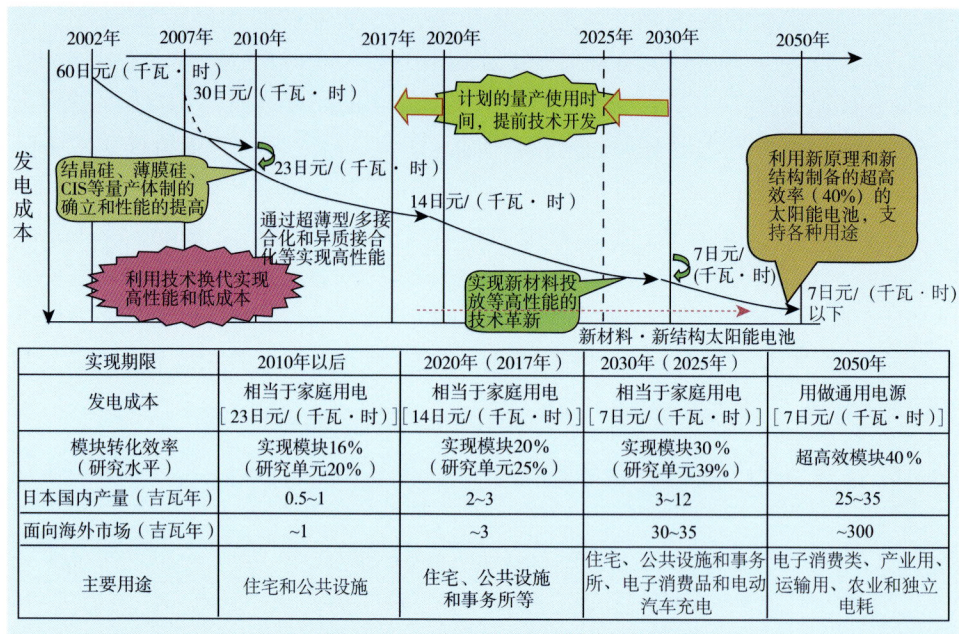

图 2-7　日本光伏太阳能技术路线图

在锂离子电池方面，2012 年全球锂离子电池产量达到 58.6 亿颗，同比增长 26.3%，产业规模达到 207 亿美元左右，同比增长 35.3%[28]，韩国、日本及中国占全球产量的 90% 以上。自 2010 年以来日本锂离子电池产量在全球的市场份额下降，韩国产量位居世界第一，中国与日本、韩国之间的差距进一步拉大。受电动汽车产业和储能产业发展的刺激，近几年来全球投资大幅度增长，预计 2015 年将形成 500 亿瓦时（1 000 亿~1 500 亿元）的产业规模，其中，韩国和日本公司投资强度较大。预计未来 5~10 年，韩国和日本仍将占优势地位，是中国企业的主要竞争对手。

重大技术突破专栏

特斯拉电动汽车

特斯拉汽车公司（Tesla Motors）是一家以美国硅谷为基地，在纳斯达克上市的电动汽车生产及设计公司，其总部位于加州帕罗奥图。该公司由斯坦福大学的硕士辍学生 Elon Musk 与硕士毕业生 J.B. Straubel 于 2003 年创立，专门生产纯电动车而不是混合动力车。目前生产的车型包括 Roadster、Model S 和 Model X。特斯拉汽车公司是世界上第一个采用锂离子电池的电动汽车公司。其推出的首部电动汽车为 Roadster，该车是第一辆使用

> 锂电池技术每次充电能够行驶 320 千米以上的电动汽车。特斯拉汽车集独特的造型、高效的加速、良好的操控性能与先进的技术于一身，从而使其成为公路上最快且最为节省燃料的车子。不过，在 2013 年一辆特斯拉 Model S 在美国华盛顿州肯特（Kent）的公路上碰撞金属物体后起火，随后失火场面的照片和视频在网络上广为传播，引发人们的关注和热议，以及对于电动汽车安全性的质疑。

受益于三星、LG 等锂离子电池厂商，韩国成为全球最大的锂离子电池生产国。2012 年三星已经成为全球最大的锂离子电池生厂商，全球的市场份额上升至 23.60%，中国的力神、比亚迪、ATL 和比克等公司也处于行业前列[1]。

日本产业研究所的统计数据显示，2012 年全球共销售锂离子电池 335.16 亿瓦时。其中，3C 电子产品用锂离子电池仍然占据绝对主导地位，销售量为 296.45 亿瓦时，占销售总量的 88.45%；新能源汽车用动力电池市场（指混合动力汽车＋插电式混合动力汽车＋动力汽车）近两年均有强劲的增长势头，2012 年占市场总额的 10.56%，较 2011 年的 5.23% 翻了一番；储能领域（电动汽车能量存储系统）占市场总额仅为 0.99%，较 2011 年的 0.81% 略有增加。2012 年全球锂离子电池市场规模统计见表 2-3。

表 2-3　2012 年全球锂离子电池市场规模统计

类别	2010 年销量 /万千瓦·时	2011 年 销量/万千瓦·时	2011 年 年增幅/%	2012 年 销量/万千瓦·时	2012 年 年增幅/%
3C 电子产品	2 108.2	2 414.7	14.54	2 964.5	22.77
汽车动力电池	11.6	134.5	1 059.48	353.8	163.05
储能电池	2.8	20.9	646.43	33.2	58.85
合计	2 122.6	2 570.1	21.08	3 351.6	30.41

资料来源：锂电行业调查分析报告. http：//www. doc88. com/p-840576208772. html，2011

锂离子电池材料主要包括：①正极材料，如钴酸锂、锰酸锂、镍钴锰锂氧化物和磷酸铁锂；②负极材料，如钛酸锂、石墨和硬碳；③聚合物隔膜材料；④电解质材料，如六氟磷酸锂（LPF）和有机溶剂。

在锂离子电池市场规模大幅增长的带动下，其上游产业锂离子电池关键材料的市场也有了较大发展，如表 2-4 所示，2012 年正负极材料、电解液和隔膜的市场规模较 2011 年均有超过 40% 的增幅。锂离子电池关键材料的主要生

---

[1] 锂电行业调查分析报告. http：//www. doc88. com/p-840576208772. html，2011.

产厂商以韩国、日本、中国为主,正极材料厂商主要有日亚化学、户田工业、L&F 新素材和优美科(Umicore)等,负极材料厂商有日本日立化成、日本精工碳素、JFE 日本钢铁、三菱化学等,电解液厂商包括三菱化学、宇部兴产等,隔膜的优势厂商有旭化成、Celgard 和东燃化学等。

表 2-4 2011 年和 2012 年全球锂离子电池关键材料市场规模统计

类别	2011 年	2012 年	增幅 /%
正极材料 / 万吨	6.12	9.12	49.02
负极材料 / 万吨	2.98	4.34	45.64
电解液 / 万吨	3.08	4.41	43.18
隔膜 / 亿平方米	3.58	5.32	48.60

目前锂离子动力电池电芯比能量为 100～150 瓦时 / 千克,电池一次充电后,大多数厂家开发的纯电动汽车行驶里程 100～200 千米,不及传统汽油车的 1/3。混合动力汽车方面较为成功的车型有丰田普锐斯和通用沃蓝达,纯电动汽车当属日产聆风、美国特斯拉,而这些车型采用的动力电池均是由日韩企业制造的。

重大技术突破专栏

锂离子电池及其关键材料产业化技术

锂离子电池作为新一代的动力电池得到了广泛的关注。影响锂离子电池比能量的主要因素是电极材料的性能,目前锂离子动力电池多采用磷酸铁锂或三元材料为正极材料,石墨为负极材料。这些体系的锂离子电池装备的电动汽车续驶里程为 100～200 千米,不及传统汽油车的 1/3。当前,需重点突破锂离子动力电池用新一代高比容(≥155 毫安时 / 克)的磷酸盐系、镍锰钴三元系(≥165 毫安时 / 克)正极材料等关键材料的产业化工艺与装备技术,进一步提升材料性能和寿命,提高可靠性和稳定性,降低成本;突破高比容量、高电压类正极材料和硅基复合负极材料的关键技术,开发高安全性电解质和隔膜材料,形成高比能锂离子动力电池的材料体系。

在燃料电池材料方面,美国、日本、韩国、欧盟等国家和地区处于世界领先地位。2008～2010 年燃料电池的市场分布如图 2-8 所示,主要集中在美国、日本、韩国和德国[29]。燃料电池近几十年一直是关注的焦点。

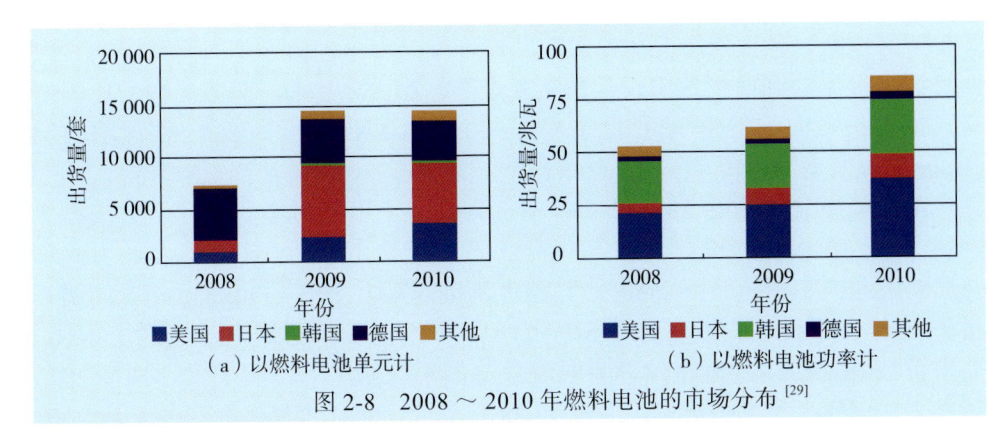

第二章 关键新材料领域发展现状及重大技术突破

图2-8 2008~2010年燃料电池的市场分布[29]

预计2015年燃料电池汽车将推向市场。早在2002年，美国就提出了FreedomCar（即自由车）计划，支持燃料电池汽车的研究。燃料电池技术在最近几年取得了突破性的进展，燃料电池的成本相较于2002年已经下降了80%以上，2011年达到49美元/千瓦[30]（图2-9）。固定式燃料电池的使用寿命已经达到10 000小时，而车用燃料电池的使用寿命也已经达到7 000小时。世界燃料电池汽车示范运行结果表明，燃料电池汽车的效率明显优于内燃机汽车，可以达到60%，其续驶里程可以达到500千米。加氢站的加氢速率已经能满足实用的5千克氢/3分钟的要求。燃料电池汽车的冷启动温度已经降至-30℃。这些示范成果表明车用燃料电池技术已经接近商业化，目前使用寿命和价格离目标还有一定距离[①]。

图2-9 80千瓦净输出的燃料电池系统的估计价格（基于年产50万套/年）[30]

---

① JHFC status report on fuel cell electric vehicle performance，2010.

近两年来，各大汽车公司纷纷就共同开发燃料电池汽车达成合作意向，以期降低投资风险和研发成本，尽快实现量产。2013年1月，日本丰田与德国宝马达成合作意向，雷诺-日产联盟（The Renault-Nissan Alliance）、德国戴姆勒（Daimler）及美国福特（Ford）宣布合作，共同推进燃料电池汽车的开发。

国际能源署认为在2030年后，在低碳模式下电动汽车、混合动力汽车及燃料电池汽车将主导市场[31]。2050年市场将完全由电动汽车、混合动力汽车及燃料电池汽车主导（图2-10）。日本市调机构富士经济（Fuji Keizai）的调查报告指出，在家用燃料电池（日本市场）、产业/商用燃料电池（北美市场）需求带动下，2011年度全球燃料电池系统市场规模达10.3亿美元，预计2015年度全球燃料电池系统市场将增至33.88亿美元，2025年度将进一步扩大规模，将较2011年度增长约73倍（成长7 316%）。

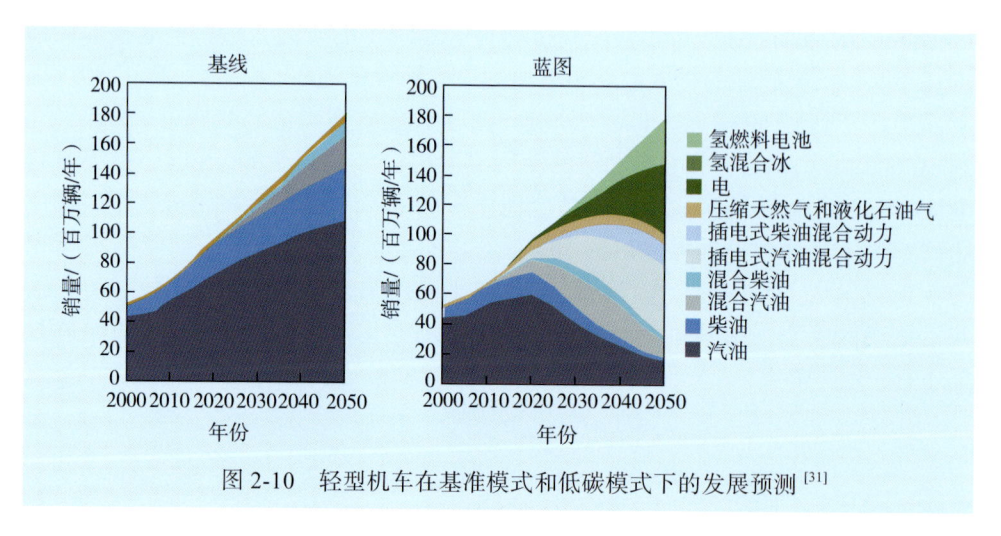

图2-10　轻型机车在基准模式和低碳模式下的发展预测[31]

燃料电池市场的发展和巨大需求，推动着燃料电池关键材料与部件的快速发展，燃料电池成本的降低极大地依赖于燃料电池关键材料与部件的成本降低及性能和寿命的大幅提升。国外燃料电池催化剂铂用量约为0.33克/千瓦，美国能源部制定的2015年目标是0.125克/千瓦。研究工作集中在铂壳层合金、纳米结构薄膜（nianostructure film，NSTF）催化剂、非贵金属等及新型载体方面。燃料电池催化材料代表性公司有英国庄信万丰（Johnson Matthey）、日本田中贵金属及3M公司等。3M与美国能源部长期合作，所研发的PtCoMn-NSTF已达到美国能源部2015年铂载量及寿命要求。全氟磺酸离子交换膜（perfluoro-sulfonate ion-exchange membrane，PSAIM）是唯一商业化的膜材料，代表性公司有美国的杜邦（Dupont）、Gore和3M，比利时的Solvay，日本的Asahi Glass和Asahi Kasei。Dupont公司Nafion系列膜仍然是行业内标准，该公司已开发出化学稳定性和机械强度更好的第三代膜。Gore 公司开发的增强型全氟磺酸膜 Gore-Select 膜，最薄可达到 5 微米。高温膜、阻醇膜、非氟膜是膜材料研究的重要方向。碱性燃料电池是低成本燃料电池发展的重要方向，代表性公司为日本的 Tokuyama 公司等。目前碱性膜仍然处于实验室研究阶段，对碱性膜电极制备技术及基础问题的研究也处于起步阶段。接触电阻和体电阻小、质量轻、强度高、耐腐蚀、易批量加工的双极板材料是实现燃料电池商业化的另一关键因素，美国通用和日本本田均采用金属双极板燃料电池。

重大技术突破专栏

钙钛矿太阳能电池材料

2013 年，基于钙钛矿材料的新一代太阳能电池获得了广泛关注，并被 *Science* 杂志评为 2013 年十大科学进展之一。科学家们在最新研究中发现，该种太阳能电池的转化效率或可高达 50%，为目前市场上太阳能电池转化效率的两倍，能大幅降低太阳能电池的使用成本。研究表明，与传统太阳能电池材料不同，新材料并不需要电场来产生电流，这将减少所需材料的数量，产生的电压也更高，从而能增加能量产出；而且稍作改变就能有效地将不同波长的太阳光转化为电力，科学家们可借此制造出多层的太阳能电池，每层吸收不同波长的太阳光，更好地对可见光做出反应，从而显著提高能效。但是，这种太阳能电池产生的电流很低，且钙钛矿的储量并不充足，因此，可用的钙钛矿太阳能电池还有很长的路要走。

核能材料是重要的战略材料，主要包括锆、铪及其化合物材料制品[32]。目前世界上约有 400 艘核动力船舰，442 座核电站投入使用，总装机容量为 3.8×10^8 千瓦。2009～2020 年，全世界将新建 100 多座核电站，金属锆材料年用量达 4 200 吨以上。此外，美国海军核潜艇、驱逐舰、航母等新建核反应堆用锆量可达 6 300 吨/年，加上现有核反应堆的锆材更换量，可达 10 000～15 000 吨/年。铪主要用于军用核反应堆控制棒。

锆铪分离、金属制备工艺较复杂，技术难度高，美国是最早实现锆铪生产工业化的国家，目前全球只有美国、法国、日本和俄罗斯等少数国家掌握了全套生产技术，垄断了国际市场。各国的锆铪分离原料主要为氯化锆（$ZrCl_4$），小部分采用氟锆酸钾（K_2ZrF_6）；分离工艺方面，英美采用甲基异丁基酮-硫氢酸法（MIBK-HCNS），其他工艺有熔盐精馏、蒸馏法、结晶、硫酸三丁酯（TBP-HNO$_3$）等；还原方法有镁法、改进的镁钠法、碘热法、钠还原法、电解法等。目前，世界上核用锆合金生产能力为 10 000～10 500 吨/年，核级锆铪市场基本被法国赛佐斯，美国西屋、华昌，俄罗斯乌拉尔稀有金属和德国西门子五大厂商占据，这五大公司占据了全球锆管市场份额的近 70%，并基本垄断了铪市场。

20 世纪 60 年代，美国率先将 Zr-Sn 合金应用于沸水堆作为核燃料组件中包壳及堆芯结构材料，此后俄罗斯开发了 Zr-Nb 合金，随着核电技术的发展，对反应堆燃料组件提出了长寿命、高燃耗、零破损的要求，世界各国开展了综合 Zr-Sn 合金和 Zr-Nb 合金优点的新型锆合金 Zr-Sn-Nb-X 系的研究，并开始应用于第二代改进型和第三代核反应堆中。围绕先进燃料元件高燃耗（65GWd/tU[①]）、长寿命（24 个月和 48 个月）和高可靠性（零失效）的技术要求，新型锆合金成为世界各国发展的主要方向。韩国开发了 Zr-Nb-Cu 系合金，德国开发的 Zr-Sn-Fe-V 合金堆内实验表明燃耗高达 98GWd/tU。2011 年，日本福岛核泄漏事故给全世界核电安全敲响了警钟，对乏燃料的处理提出了更高的要求。由于乏燃料中含有大量未用完的燃料和新生成的易裂变材料等放射性物质，对于乏燃料的处置，或者送后处理设施回收其中含有的铀和钚，或者存放在中间储存设施中或放入"最终处置库"进行最终解决。

除了第二、三代反应堆以外，目前第四代（GEN-Ⅳ）核能系统也受到了各个国家的重视。1999 年美国提出了第四代堆概念，2000 年 1 月在美国能源部倡议下组建了第四代核能国际论坛（Generaton Ⅸ International Form，GIF），2001 年 7 月签订了合约共同合作研究开发第四代核能系统。GIF 成员国包括英国、巴西、阿根廷、南非、韩国、日本、法国和加拿大。中国于 2006 年成为该组织成员。第四代核能系统包括六种堆型，即气冷快堆、铅冷快堆、钠冷快堆、熔盐堆、超临界水堆和超高温堆。第四代核电站的主要特征是经济性高（与天然气火力发电站相当）、安全性好、废物产生量小，并能防止核扩散。六种第四代堆型在早期就有一些研究，现在重新提出，不单单研究反应堆，而是把安全性、经济性、燃料循环和废物处理等作为一个系统研究。无论是第四代核能系统还是加速器驱动次临界洁净核能系统（accelerator drive sub-critical system，ADS），面临的共同问题都是结构材料在极端条件，如高温、高辐照、高压（对于熔盐堆为常压但有熔盐腐蚀问题）下的稳定性问题。例如，钍基熔盐堆核能系统的出口温度可以达到 600℃以上，传统用于压水堆的压力容器用结构材料无法满足要求。而且该堆型不仅需要在高温下服役，还要经受熔盐腐蚀。高温和耐蚀的叠加对结构材料提出了非常高的要求。因此，发展满足第四代核能系统的结构材料成为当前核能发展的重要课题。

---

① GWd/tU：耗燃率。

目前国内外钠冷快堆使用的是304不锈钢，其工作温度为450℃左右。我国的高温气冷堆HTR-PM（high temperature rector-pebbleked moclules，即球床模块式高温气冷堆核电站）试验示范堆采用的是SA516Gr70，HTR-PM商业示范堆为SA533B合金，它们都属于中、低温压力容器用碳钢板；而目前普遍使用的熔盐堆用结构材料为美国橡树岭国家实验室于20世纪60年代开发的Hastelloy N合金（70%Ni-17%Mo-6%Cr固溶镍基高温合金），其最高许用温度为704℃。捷克的COMTES公司模仿N合金发展了MONICR合金；俄罗斯的Kurchatov研究所在N合金的基础上加入铌、钛、铝等元素研发了HN80MTY合金，但这些合金的最高使用温度也仅为750℃。法国的CNRS于2009年左右开始为熔盐快堆（molter salt reactor，MSFR）研发850℃的高温合金；而由美国能源部牵头，麻省理工学院、威斯康星大学、加利福尼亚大学伯克利分校三所高校研究的熔盐堆项目（氟化盐冷却式高温堆）和美国橡树岭国家实验室也已从2011年开始研发熔盐堆用新型高温合金。国内尚无相关领域的研究报道。

在节能材料方面，相变储能材料（phase charge material，PCM）应用于建材的研究始于1982年，20世纪90年代以PCM处理建筑材料（如石膏板、墙板与混凝土构件等）的技术发展起来，目前欧美有多家公司利用PCM生产销售室外通信接线设备和电力变压设备的专用小屋，可在冬夏天均保持在适宜的工作温度。建筑节能材料市场潜力巨大，膨胀石墨聚苯乙烯泡沫塑料、真空绝热材料、填充气体材料、气凝胶、纳米绝热材料、动态绝热材料等新型材料得到了广泛的应用。此外，目前节能镀膜玻璃按功能和应用可分为LOW-E镀膜玻璃和阳光控制镀膜玻璃两大类。近年来，以LOW-E镀膜玻璃为代表的建筑节能玻璃产品发展迅猛，目前欧洲80%的镀膜玻璃使用LOW-E镀膜玻璃，年总用量已超过1亿平方米。美国LOW-E镀膜玻璃普及率达82%。新型高效分离膜技术以其节约能源和环境友好为特征，成为解决人类面临的能源、水资源、环境等领域重大问题的共性技术之一，受到各国政府的高度重视[33]。近年来，全球膜市场出现了强劲增长势头，世界销售额已超过400亿美元，其中，反渗透膜、超滤膜、微滤膜的应用已进入相对成熟期，占据绝大部分的市场份额；而气体分离膜、渗透汽化过程和膜反应器的应用正处于产业发展阶段，销售额进入高速增长期。开发低成本、高性能、抗污染的新型膜材料，突破选择性和渗透性的上限关系是目前的研究重点。

（二）国内发展现状

太阳能材料方面，经过产业整合与市场调节，2012年中国光伏组件产能为37吉瓦，占全球的51%；产量为22吉瓦，占全球的54%。2012年中国多晶硅产能为 15.8 万吨，占全球的 43%；产量为 6 万吨，占全球的 27%。自 2007 年以来，中国连续 6 年产量位列世界第一位（图 2-11）。

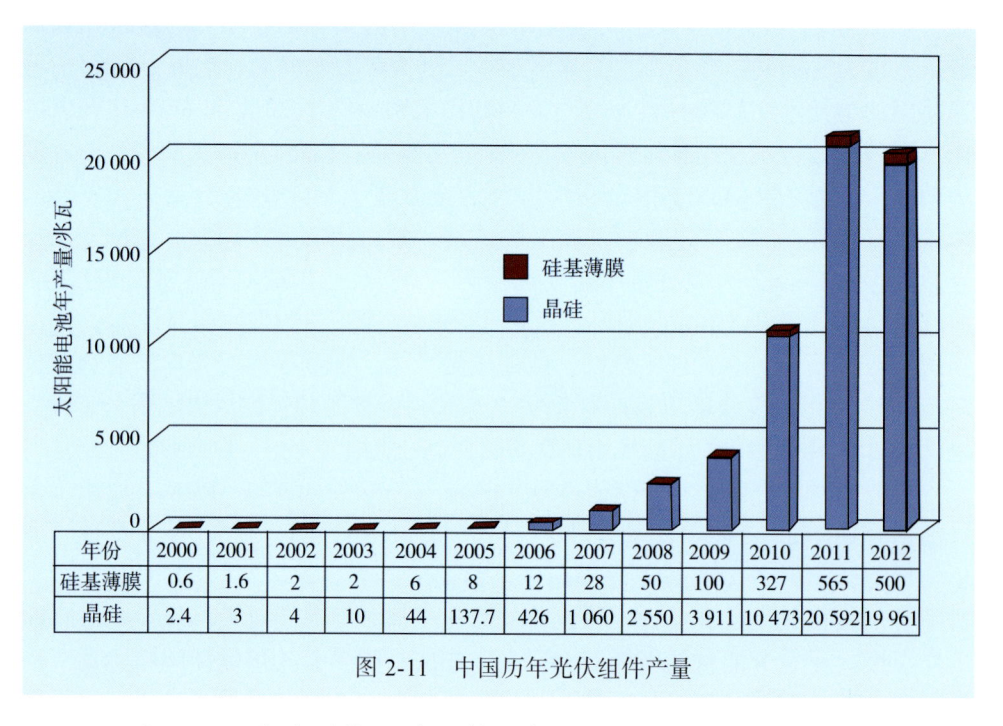

年份	2000	2001	2002	2003	2004	2005	2006	2007	2008	2009	2010	2011	2012
硅基薄膜	0.6	1.6	2	2	6	8	12	28	50	100	327	565	500
晶硅	2.4	3	4	10	44	137.7	426	1 060	2 550	3 911	10 473	20 592	19 961

图 2-11 中国历年光伏组件产量

2011 年、2012 年中国前 10 名组件厂商的产量见表 2-5。

表 2-5　2011 年、2012 年中国前 10 名组件厂商的产量

公司名称	2011 年 组件产量/兆瓦	排序	2012 年 组件产量/兆瓦	排序
英利绿色能源控股有限公司	1 684	2	2 359	1
天合光能有限公司	1 510	3	1 674	2
无锡尚德太阳能电力有限公司	2 010	1	1 665	3
阿特斯阳光电力集团	1 386	4	1 620	4
晶澳太阳能有限公司	820	9	985	5
晶澳能源控股有限公司	792	10	924	6
韩华新能源有限公司	855	8	900	7
浙江昱辉阳光能源有限公司	—	—	748	9
天威新能源控股有限公司	964	5	700	10
江西赛维 LDK 太阳能高科技有限公司	880	7	—	—

截至 2012 年年底，我国多晶硅产能达到约 18 万吨 / 年，2012 年国内消费 14.3 万吨，如果下游企业 37 吉瓦的产能全部释放，将消耗多晶硅 20 多万吨，我国多晶硅的产能并不过剩。2007～2015 年我国多晶硅产能、产量增长情况见图 2-12；2012 年国内在产的多晶硅企业产能、产量情况[34]见图 2-13。

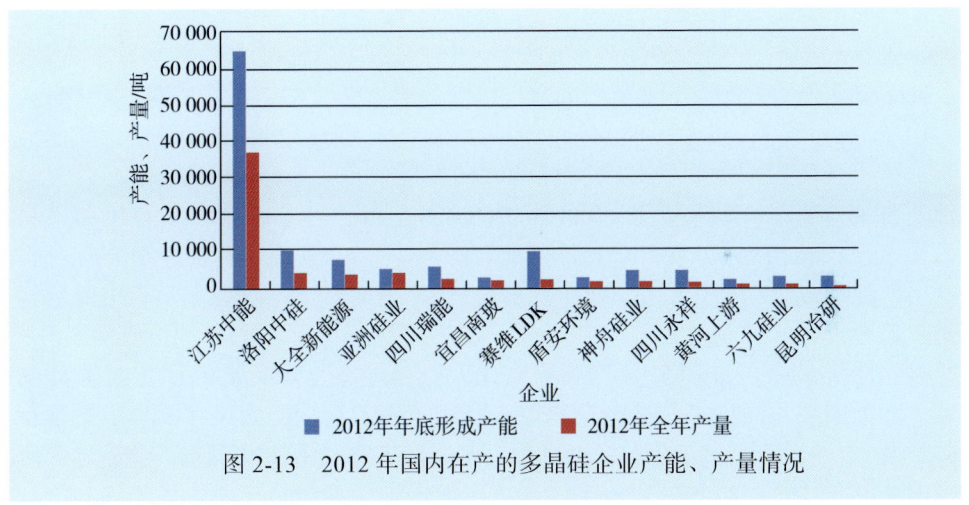

图 2-12　2007～2015 年我国多晶硅产能、产量增长情况

图 2-13　2012 年国内在产的多晶硅企业产能、产量情况

受美国对中国光伏组件"双反"和多晶硅低价倾销影响，国内多晶硅工厂开工率不足 40%。为应对当前形势，国内主流企业正在实施节能降耗技改，开发大型节能还原炉，开发硅烷流化床法粒状多晶硅等技术，增加冷氢化等，以期进一步降低成本、提高质量。硅片及下游企业持续研发高效低成本太阳能电池技术、硅片金刚石线切割技术、低成本金属浆料与金属化技术、背接触电池技术、双面发电电池技术、组件前板玻璃减反射技术、组件前板玻璃减薄技

术、无边框组件技术等。

在锂离子电池材料方面，中国大陆锂离子电池在 2012 年产量达到 39.2 亿颗，产业规模达到 556.8 亿元，力神、比亚迪、ATL 和比克等公司处于行业前列。正极材料产量为 4.4 万吨，同比增长 39.37%，增速快于全球。形成了以京津地区、华中地区和华南地区为三大聚集地的锂电正极材料产业集群，并分别以北京、天津、湖南、广东为发展中心。自主生产的锂离子电池的正极材料、负极材料、电解液均能满足小型电池要求，隔膜、电解质锂盐等关键材料基本改变了依靠进口的局面。但是中国大陆生产的材料和电池的生产设备水平较低，距离日本、韩国和中国台湾地区制造的设备有一定差距。负极材料总体销量为 2.8 万吨，产业规模达到 23.6 亿元。

在锂离子动力电池应用方面，2012 年我国 25 个示范推广节能与新能源汽车试点城市共示范推广各类节能与新能源汽车 2.74 万辆。其中，以公共服务领域为主，共 2.3 万辆。

重大技术突破专栏

太阳能电池及其关键材料产业化技术

目前晶体硅太阳能电池转化效率达到了 24% 左右。由于硅材料的特殊性能、无毒、原料丰富等条件，以硅为基础的太阳能电池技术仍将是发展主流，在此基础上开发黑硅（black silicon）技术、纳米硅技术、量子点技术、（直拉区熔单晶硅）CFZ 技术（即直拉区熔技术）、N-型硅电池技术等。为降低成本，硅晶体片正向大尺寸、薄型化的方向发展，预计未来 5~10 年硅片尺寸将达到 400 毫米、厚度可能降低至 120 微米左右。另外，低成本有机和染料敏化电池（转换效率 10% 以上）和高转换效率（40% 以上）Ⅲ～Ⅴ族化合物叠层电池已成为当前国际上发展的主要趋势。当前要重点发展太阳能电池新材料、新原理，开发高效太阳能电池；以硅基太阳能电池为重点，完善多晶硅产业化技术和装备，发展多晶硅低温氢化及制备新技术，提高并稳定多晶硅品质，降低能耗，强化多晶硅副产物综合利用；发展高性能大尺寸晶硅、超薄型硅片及其低成本电池制备技术和装备，发展高效率长寿命非晶硅/微晶硅等薄膜电池制备技术和装备，完善晶体硅太阳能电池辅助材料产业体系。

在燃料电池材料方面，催化剂的研制，尤其在批量生产技术及针对催化剂的理论研究方面，从总体上讲落后于国外；研发的一系列特殊结构的全氟磺酸质子膜，形成了年产 5 000 平方米中试工艺装置；研究的金属双极板计划于 2015 年应用于燃料电池汽车。完成了与 60 千瓦燃料电池匹配的固态储氢系统研制，研制的与 5 千瓦燃料电池匹配的储氢系统完成了环境运行试验。

在核能材料方面，自 2000 年以来，我国加强了核级海绵锆和锆合金管材产业化建设[35]。自主建设的核级海绵锆生产能力达到了 300 吨，但还不具备向核电站提供锆合金管材的能力。2007 年国家核电技术公司在引进 AP1000 技术的同时，也引进了核级海绵锆和 Zirlo 锆合金的生产技术，目前已开展海绵锆和锆合金的试生产，预计将形成年产 2 000 吨海绵锆和 1 000 吨锆合金的生产能力。值得指出的是，引进的美国西屋公司技术采用锆铪分离工艺，可能对环境产生一定的影响。我国对乏燃料的研究也取得了较好的进展，2011 年有报道称，我国自主设计、自主建造、自主研发的后处理设施实现了乏燃料中铀和钚材料的回收，掌握了全套技术体系，大幅度提升了我国核燃料的保障程度。在第四代核能系统的六种堆型方面，我国也开展了相关研究，其中钠冷快堆最为成熟，建造了中国实验快堆（China Experimental Fast Reastor，CEFR）并于 2010 年达到临界；气冷快堆虽还处于概念研究阶段，但是我国已建立了高温气冷堆和中国实验快堆，在这个领域做了大量的工作；同时还开展了大量的熔盐堆相关的研究工作。另外，ADS 虽然不属于第四代堆型，但其将加速器和反应堆结合，可以与任意反应堆结合。建造了启明星 1# 零功率次临界堆，采用的是 D-T 反应中子源。

节能材料方面，上海硅酸盐研究所、武汉理工大学和浙江大学等开展了热电材料研究，建立了具有自主知识产权的汽车尾气废热热电发电回收利用实证系统，热电发电量达到 450 瓦。外墙保温材料中有机保温材料占 90% 以上，主要品种为聚苯乙烯泡沫塑料（模塑聚苯乙烯、挤塑聚苯乙烯）、聚氨酯等。高性能隔热、保温、阻燃、无毒的多功能墙体保温材料及其相应的工程技术市场缺口巨大。我国是目前世界上平板玻璃生产第一大国，但具有低辐射和阳光控制功能的节能建筑镀膜玻璃产量仅占玻璃总产量的 3.5% 左右，现有 400 亿平方米的建筑中，95% 以上用的是普通玻璃，通过玻璃门窗散失的能耗占整个建筑物散热量的 56%。这几年，我国通过高价引进制造设备与技术、国家计划支持、企业自主研发等途径，低辐射和阳光控制镀膜玻璃产业取得了较快的发展。但是，国外公司在低辐射和阳光控制镀膜玻璃方面相继在中国申请了几十项专利，由于其技术保护和产品采用垄断价格，限制了我国节能玻璃的发展[36]。膜材料方面，2011 年我国膜产业总产值约 400 亿元，占全球膜产业份额的 15%。全国从事分离膜研究的科研院所、高校近 100 家，膜制品生产企业有 300 余家，工程公司超过 1 000 家，初步建立了较完整的膜产业链，正在逐步形成水处理膜材料和特种分离膜材料并重发展的趋势。我国膜产业进入了快速增长期，具有标志性意义的大型膜工程的投资额度增长到数亿元人民币，但整体而言，作为膜产业核心的膜材料，还是以进口产品为主，能与国外膜材料相抗衡的国产膜材料较少。

重大技术突破专栏

高矫顽力、耐高温稀土永磁体工程化技术

稀土永磁材料是风力发电、新能源汽车和高效节能电机等新能源技术的关键材料。日立金属、信越化学、TDK 等企业开发的"晶界渗镝技术"已经可以制备出磁能积 + 矫顽力大于 70 的高性能钕铁硼磁体,而重稀土元素镝(Dy)的用量可以节省 30% 以上;日本研究所和企业利用共同发展起来的"无压技术"(pressless process),已成立了合资公司,年产能约为 500 吨。这些技术的特点都是降低重稀土用量或不使用重稀土来制备高矫顽力磁体,代表了当今稀土永磁材料的最高水平和发展趋势。当前应重点发展超高性能烧结钕铁硼磁体产业化技术、低重稀土永磁体产业化技术,以及高性能稀土粘结磁粉及磁体产业化关键技术。

在功能陶瓷材料方面,2010 年世界电子元件市场规模在 5 013 亿美元左右。目前,器件的多层化、多层元件片式化、片式元件集成化和多功能化成为功能材料器件发展的主流,而材料的细晶化、电磁特性的高频化、低温共烧陶瓷技术等将成为发展新一代片式电子元器件的关键技术。多层陶瓷电容器是目前用量最大的片式元件之一,日本的村田、TDK、太阳诱电、京瓷,韩国的三星电机,我国台湾地区的国巨、信昌等都是国际上著名的多层陶瓷电容器生产企业。当前处于国际领先地位的日本企业生产的多层陶瓷电容器单层厚度已接近 1 微米,预计 2015 年将进一步减小到 0.5 微米。而顶级的日本 Murata 公司研发已达到 0.5 微米,随大容量薄层器件多层陶瓷电容器的单层厚度的逐渐减小,陶瓷介质及电极材料的晶粒尺寸也要从目前的 200～300 纳米减小到 100 纳米以下,其材料制备和器件加工技术变得更加复杂。片式电感器是 20 世纪末发展起来的一类新型片式元件,2011 年全球电感器需求量达到 1 930 亿只,市场规模约为 36 亿美元,目前电感元件片式化率已经达到 88%,年增长速度在 20% 以上。日本在研制生产片式电感器方面居世界之首,其生产产量约占世界总量的 70%,其发展的主要趋势包括小尺寸、高感量、大功率、高频率、高稳定和高精度,技术核心是具有低温烧结特性的软磁铁氧体和介质材料。压电陶瓷作为一种重要的换能材料,以其优良的机电耦合性能在电子信息、机电换能、自动控制、MEMS、生物医学仪器中广泛应用。为适应新的应用需求,压电器件正向片式化、多层化和微型化方向发展。近年来,包括多层压电变压器、多层压电驱动器、片式化压电频率器件等一些新型压电器件不断被研制,并广泛应用于机电、电气、电子等领域。同时,在新型材料方面,无铅压电陶瓷的研制已取得了较大的突破,有可能使得无铅压电陶瓷在许多领域替代锆钛

酸铅（PZT）基的压电陶瓷，推动绿色电子产品的升级换代。储能电容器是功能陶瓷材料研究的新领域，随着电子元器件和电源系统小型化、轻量化的发展趋势，迫切需要研发具有高储能密度的介质材料，以减小储能器件的尺寸和重量。多年来，美国、日本、韩国等国家一直致力于开发高比功率和高比能量的动力电容器。2007年，美国EEStor公司所研制的新型超级电容器动力系统在5分钟内充的电能可以驱动电动车行驶500英里（1英里≈1 609.344米），电费只有9美元。由微波介质陶瓷构成的谐振器、滤波器及振荡器等元器件，在很大程度上决定了微波通信最终产品的性能、成本与尺寸极限。2011年全球微波介质频率器件市场规模为20.35亿美元，同比增长3.75%。从最近的发展趋势看，美国将战略重点置于非线性微波介质陶瓷与高介电常数微波介质陶瓷方面，欧洲着重于固定频率谐振器用材料，日本则利用其产业化的优势正在大力推进微波介质陶瓷的标准化与高品质化。目前微波介质材料和器件的生产水平以日本Murata公司、德国EPCOS公司、美国Trans-Tech公司和Narda Microwave-West公司、英国Morgan Electro Ceramics公司等为最高。在半导体陶瓷方面，以美国VISHAY，德国EPCOS，日本村田、TDK、石冢、芝浦、三菱等公司的技术位于前列，产量最大，它们的年产量占世界总量的60%～80%，其产品质量好，但价格高，近年来正向高性能、高可靠、高精度、多层片式化和规模化方向发展。近年来，由于强大的市场需求牵动和低温共烧陶瓷技术的研究突破，将庞大数量的无源电子元件整合于同一基板内的梦想已成为可能，2011年全球低温共烧陶瓷技术器件市场规模为15.71亿美元。

　　光纤传感材料方面，目前主要有保偏光纤、光敏光纤、耐高温光纤、磁场敏感光纤、光子晶体光纤、红外玻璃光纤等，光纤陀螺仪、光纤水听器、光纤火灾报警系统、光纤光栅结构健康监测系统等已投入实际应用。保偏光纤是制造光纤陀螺仪的关键材料。光纤陀螺在军事等多个领域有重要用途。目前各类光纤陀螺仪的市场大约是20亿美元，用于制造光纤陀螺仪的高性能保偏光纤主要由美国、欧盟、日本的企业生产，市场每年以30%～50%的速度增长。光敏光纤是制作光纤光栅的关键材料。光纤光栅是一种重要的光纤光学器件，在光纤通信和光纤传感领域有广泛用途。国外光敏光纤的研究起步较早，美国Nufern公司、英国Fibercore公司已推出成熟产品，德国等国家在开发光纤拉丝时直接刻写光栅的技术。石油和天然气开采对温度、压力和流量传感系统的市场需求大约是50亿美元，而其需求的耐高温光纤主要由美国、欧盟、日本及加拿大的企业生产，并将逐步取代传统的电传感系统，市场每年以50%～100%的速度增长。磁场敏感光纤是制造光纤电流和电压互感器的关键材料。目前智能电网对电流和电压互感器的市场需求大约是50亿美元，包括传统电子传感系统和光纤传感系统，其中，光纤传感系统约占1%。光纤传感系统将逐步取代传统的电传感系统，光纤电流和电压互感器的市场每年以 50%～100% 的速度增长，国外生产光纤电流和电压互感器的公司主要有美国、欧盟、澳大利亚的公司。光子晶体光纤又称多孔光纤或微结构光纤，1996 年英国南安普顿大学和丹麦技术大学首先报道了光子晶体光纤，此后引起广泛关注，英国巴斯大学等具有最强的研究实力，丹麦 Crystal Fiber 公司及美国等国家的一些公司在光子晶体光纤产品商业化方面居世界领先地位。红外玻璃光纤材料是制约红外光纤传感技术发展的主要因素。硫系玻璃是制造硫系玻璃光纤的基质材料，已有 50 多年的历史，但在美国目前只有少数几个牌号的硫系玻璃达到成吨的生产规模，在世界范围内硫系红外玻璃材料制造商主要有美国的无定形材料公司、德国的 Vitron Gmbh 公司和法国的 Umicore 红外玻璃公司。纳米半导体掺杂温敏光纤传感器在电力、石油、煤矿、钢铁冶金等领域具有广泛的用途，预计在未来 10 年将获得快速发展。为满足航空航天、油井探测、引擎监控、工业过程控制等应用领域的极端环境条件，如高温、高压、高过载、辐射、强腐蚀性对 MEMS 传感器的要求，发展 SiC、蓝宝石、金刚石等高温半导体材料及耐高温 MEMS 传感器是目前传感器发展的又一重要方向。

重大技术突破专栏

传感器材料及其器件制备技术

传感器已渗透到经济社会的各个领域，如工业生产、科学研究、武器装备、航空航天、交通运输等领域。有必要以新型光纤传感材料、半导体传感材料、金属传感材料、有机传感材料、陶瓷传感材料及微加工技术为基础，重点突破新型传感关键器件（光源、探测器、信号解调器件等）制造的关键技术，开发具有自主知识产权的传感材料及器件并实现国产化，加强传感技术在重大工程、环境安全监测与预警系统等领域的应用。同时着力发展传感物联网技术，整合和聚集优势资源，重点研究物联网应用传感材料的大规模生产工艺和装备，形成具有原创性的物联网产业核心技术，拓展物联网技术应用领域，全面带动传感材料与器件产业的发展。

磁致伸缩材料和形状记忆合金是重要的特种功能材料，广泛应用于精密控制、生物医疗、智能消振、无线通信等领域。以 TbDyFe 为代表的稀土大磁致伸缩材料已成为精密制动器、智能传感器、换能器等器件的关键材料。TbDyFe 于 20 世纪 70 年代初由美国海军表面武器实验室发明，随后于 1987 年将该专利技术转让给前沿技术公司，并生产出稀土巨磁致伸缩材料，商品号为 Terfenol-D。20 多年来，瑞典、日本、俄罗斯、英国和澳大利亚等相继成功研究开发出 TbDyFe 型磁致伸缩材料。据美国前沿技术公司统计，1997 年全世界 Terfenol-D 合金产量为 70 吨。预计至 2015 年产值将达 17 亿美元。由美国 ETREMA 公司、英国稀土制品公司、日本住友轻金属公司等开发出磁致伸缩值可达铁的十几倍乃至几十倍的铁镓巨磁致伸缩材料，应用范围遍及物位传感的民用及国防各个领域，如在核反应堆压力容器内驱动机构采用磁致伸缩位置指示器等。1969 年，美国首先将 NiTi 形状记忆合金应用于 F-14 战斗机的液压管路连接系统和"阿波罗"11 号登月舱的自展开卫星天线，并相继将 NiTi 形状记忆合金应用于智能飞机进气道、卫星和火箭的智能分离系统及卫星智能解锁机构。到目前为止，美国已经将 300 多万支 NiTi 基形状记忆合金管接头应用于各类的战斗机和民用飞机的液压管路。另外，先进工业国家已经采用形状记忆合金广泛应用于临床治疗。近年来，由于考虑到 NiTi 基形状记忆合金的 Ni 离子的释放具有生物毒性，国际上已经开始无 Ni 记忆合金［如 TiNb（Zr, Ta, Mo）Sn 合金］的研发工作，并取得重要进展。除了 NiTi 基形状记忆合金，材料科学家进一步研究开发了铜基、铁基形状记忆合金以及形状记忆高分子材料。不过，由于稳定性、形状恢复率等性能不足，这些材料的商用化规模仍受到一定限制。

有机功能材料种类繁多，本章重点关注生物降解塑料及导电高分子材料。生物降解塑料是具有堆肥降解性能的绿色环保材料，全世界生物降解塑料的表观消费量从 2005 年的 5 万吨左右发展到 2010 年的 20 万吨，5 年翻了两番，年增长超过 50%，已经成为增长最快的大品种功能塑料。国际上以美国的 Natureworks 公司和德国的 BASF 公司为代表，突破了生物降解塑料的规模化制备和加工技术，推动了生物降解塑料时代的来临。未来生物降解塑料的增速会更快，保守估计，2020 年会达到 500 万吨以上，到 2030 年世界年均消耗生物降解塑料预计超过 3 000 万吨，因此，整个生物降解塑料产业的发展空间巨大[40]。

导电高分子材料是具有长程共轭结构的本征型导电材料，是金属材料与有机高分子材料的桥梁，其最大的应用领域是金属的防腐蚀领域，有望成为非常有应用前景的新一代防腐材料。据美国交通部统计，仅桥梁一项，每年因腐蚀引起的直接经济损失就高达 59 亿～97 亿美元。由于铅、铬系防锈颜料含重金属离子，严重污染环境，且具有强烈的致癌作用，目前已经较少使用。富锌涂料是目前用量最大的防腐涂料，但所产生的锌离子为重金属离子，对环境仍然有污染，而且日益面临锌粉资源的可持续供应的问题，因为按目前的锌粉用量，到 2020 年后，锌将成为紧缺资源，导电高分子材料具有重量轻的优点，且具有一定程度的抗点蚀、抗划伤能力，而且没有环境污染，是一种来源丰富的绿色防腐材料，有望成为非常有应用前景的新一代防腐材料。德国的勒斯化学公司、美国的Ancat公司均已经发展了基于聚苯胺的新一代无毒长寿命（耐10 000小时以上盐雾）防腐材料体系，该领域已经显示出巨大的发展空间。

重大技术突破专栏

多层陶瓷片式元器件及无源集成技术

多层化和片式化是目前陶瓷元件发展的主流，而材料的细晶化、电磁特性的高频化、低温共烧陶瓷技术等将成为发展新一代片式电子元器件的关键技术。在薄层化技术方面，目前已发展出了单层厚度在1微米以下的陶瓷层流延技术和低温共烧陶瓷技术等新技术，这些技术为无源电子元件的集成和高密度、系统级电子封装提供了理想的平台，可望形成电子信息产业的一个新的生长点。这一技术得到各国政府和企业界的高度重视，并已初步形成了一定的产业规模。当前应重点发展超薄型贱金属内电极多层陶瓷电容器及其铁电陶瓷材料产业化技术、低温烧结高性能片式电感器及其铁氧体材料产业化技术、高性能压电陶瓷及其新型元器件产业化技术、特种玻璃工程化技术、高储能密度介电陶瓷材料及其工程化制备技术、微波介质陶瓷与高性能旋磁铁氧体产业化技术、半导体陶瓷及敏感元件产业化技术，以及集互联、无源元件和封装于一体的多层陶瓷制造技术。

根据以上特性，国际上超导技术的应用可以主要分为强电应用和弱电应用[41]。强电应用主要是利用超导材料临界电流密度高、上临界场高的特点来进行无损传输大电流、产生强磁场，具有代表性的、已实现产业化的应用是超导磁体线圈。英国的牛津公司利用超导材料 Nb_3Sn 和 NbTi 线绕制的线圈制成的超导磁体系统占据了世界上超导磁体线圈的主导地位，其2011年上半年的销售总额达1.59亿英镑（约15亿元人民币）。弱电应用则主要是利用超导体的约瑟夫森效应来进行微弱信号的精密探测，已经形成产业化的产品是超导量子干涉磁强计，美国的Quantum Design公司几乎垄断了科研领域实验室相关低温测量和微弱磁信号探测的市场。目前产业化比较成熟的超导技术产品基本上还是基于常规超导材料，但由于这类超导材料的超导转变温度较低，需要昂贵的液氦进行冷却，而且液氦也不易运输和储藏，因此，基于常规超导体的超导技术产品还基本上局限于实验室和一些条件较好的实用单位等。国际上高温超导材料的超导技术方面已经积累起了大量的技术，集中用于通信和国防的超导微波滤波器、用于电网安全的限流器以及短距离电力传输的二类带材，其产业化前景相对比较明朗,有望在十年内形成具有一定规模的产业化市场。

(二)国内发展现状

稀土功能材料方面,我国已成为全球最大的稀土永磁材料生产国,2012年烧结钕铁硼磁体产量约7.5万吨,产量占全球总产量的80%。2011年年底的统计表明,全国有稀土永磁生产企业130余家,其中,年生产能力超过3 000吨的企业7家,年生产能力1 000～3 000吨的企业25家,年生产能力500～1 000吨的企业65家。沪浙地区、京津地区和山西地区形成了三足鼎立的稀土永磁产业格局。稀土永磁产品已开始进入长期为日本、欧美等发达国家磁材企业所垄断的钕铁硼高端应用领域,如计算机硬盘驱动器、汽车零部件(点火线圈、电动助力转向装置、气囊传感器)、核磁共振成像仪和风力发电机。然而,核心知识产权被日本、美国等发达国家垄断,我国在创新能力、技术与装备水平和核心知识产权等方面与日本和欧洲相比仍存在相当的差距,产品主要以中低档为主。汽车、电子、信息、新能源等战略性新兴领域所需的高端稀土功能材料仍然依赖进口[42～44]。2012年稀土发光材料总产量5 245吨,占全球的80%左右,其中,节能灯用三基色荧光粉、彩电粉和长余辉等低附加值荧光粉总计占全部产量的95%以上,在白光LED、3D-PDP等高端发光材料领域的市场占有率较低,高显色、大功率白光LED荧光粉仍大量进口。我国在白光LED中广泛应用的铝酸盐、硅酸盐系列荧光粉的专利和制备技术等方面取得突破,并开发成功高温常压制备氮化物荧光粉技术,小批量产品质量与国外先进水平接近,但液晶显示LED背光源用氮氧化物荧光粉的专利和市场仍被国外垄断。此外,金卤灯照明用高品质稀土卤化物材料、稀土卤化物闪烁晶体及其高纯原料制备技术和产品质量与国外存在较大差距。我国机动车尾气催化剂厂家众多,但是国产的机动车尾气催化剂市场占有率仍较低,国外独资或合资等高档汽车仍采用国外催化剂。石油催化裂化催化剂每年产量约为18万吨,国产催化剂占国内市场份额的90%以上。自从2005年以来,我国已成为世界上最大的镍氢电池和储氢合金负极材料生产基地,稀土储氢合金的年产量基本维持在9 000～11 000吨/年,总体消费水平较为稳定,波动幅度及趋势与镍氢电池市场基本一致。

功能陶瓷材料方面,2011年我国片式元件总产量近20 000亿只,占世界总产量的45%,从产品产量来看,中国电子元件产业规模已跃居世界第一位,其中,产量居世界第一位的产品有阻容元件、磁性材料、压电器件等,但产值低于日本和美国,居全球第三位[45～49]。多层陶瓷电容器方面,2011年我国大陆地区多层陶瓷电容器生产企业累计销量8 487亿只,2012年达8 742亿只,在国际竞争中占有一席之地，但由于缺少自主知识产权和先进工艺设备，高性能陶瓷粉体、电极浆料、先进生产设备都大量依赖于国外厂商。低温烧结高性能片式电感器方面，我国已基本建立起了一个传统与新型产品兼顾、具有相当经济规模、在国际市场占据一定地位的电感器行业。2011年，我国电感器产量已达1 220亿只，占全球总产量的比重超过60%，销售额达130亿元。低温共烧陶瓷技术集成技术及相关器件方面，建立了具有自主知识产权的低温共烧陶瓷技术材料、工艺和设计体系。此外，我国在高性能压电陶瓷及元器件、高介、耐高压高储能密度介电陶瓷、微波电磁介质材料及半导体陶瓷等方面也有了一定的进展，形成了一定的产业规模。然而激光、闪烁及荧光转换型白光LED透明陶瓷领域的技术开发相对滞后，且由于缺乏核心技术和自主知识产权，高端材料和相关器件制品仍需要进口。产品结构、高端材料、关键装备、检测技术等方面与国际先进水平尚有较大差距。

国内的光纤传感材料研究水平接近国际先进水平，在光纤传感火灾报警系统和结构健康监测系统等方面，国内的产业化水平居世界领先地位。但对于大部分光纤传感材料，国内的产业化水平与国际有一定差距，主要是生产过程中的技术细节不能很好地控制，导致产品的性能不高，制约了产业的发展。应用于光纤陀螺的保偏光纤，国内成功研发了"一"字型保偏光纤和熊猫型光纤，这些光纤对提高我国军事装备和民用装备的水平起到了积极作用，在此之前，我国军事装备上的光纤陀螺基本上依赖进口。国内已开展光子晶体光纤陀螺的研究，但到目前为止，国内尚无较好的空心带隙光子晶体光纤，限制了光子晶体光纤陀螺的研究。光敏光纤研究相对于国外而言，研究内容偏少，尤其缺乏系统性，产品主要是从国外进口。国内用于石油和天然气开采的耐高温光纤目前主要是以进口为主。光纤电流传感器方面，部分企业能提供一些产品，但国内的制备水平与国外尚有较大差距，并且缺乏制备超低损耗的全内反射型光子晶体光纤的能力。此外，我国在硫系玻璃、光纤拉曼散射分布式温度传感器、纳米半导体掺杂荧光型温敏光纤材料、辐射敏感闪烁光纤材料等方面开展了一些研究。

我国于20世纪80年代后期开展磁致伸缩材料的研究，为满足巨磁致伸缩材料在航空航天、海洋环境等超常环境下服役的要求，国内研制出TbDyFeCo、TbDyFeSi及TbDyPrFeT（T=Co、Al、B等）多元磁致伸缩合金。目前我国的稀土巨磁致伸缩材料应用产品和器件处于研究和开发阶段，研制出了大功率岩体声波探测器、井下物理法采油装置、超声或水声换能器等应用器件，铁镓巨磁致伸缩带材及磁致伸缩位置指示器达到比较先进的水平。由于工业水平和国家投入的限制，大尺寸、高精度及稳定性好的磁致伸缩材料的制备技术与国外先进国家相比尚有较大差距。我国目前已经成为世界上生产和加工记忆合金的主要国家之一，主要集中在 NiTi 基形状记忆合金原材料方面，如各种规格的记忆合金丝材等，但和国际形状记忆合金先进国家相比，在原创性设计及高端制品方面还存在较大差距。

在有机功能材料方面，2012 年我国的合成树脂消耗超过 8 000 万吨，人均 60 千克，超过世界人均 40 千克的水平，从总量上已成为世界第一大塑料消费国。生物降解塑料是我国塑料产业结构调整的重要发展方向之一，并已进入工业化前期准备阶段。以聚乳酸、二氧化碳基塑料、聚羟基烷酸酯、聚琥珀酸丁二醇酯等为代表的合成生物基及可生物降解树脂发展迅速，已经跻身世界前沿，而以改性淀粉为代表的天然生物降解树脂也得到快速发展。目前已经有 100 多家企业积极从事该产业，估计 2020 年我国有望超过 100 万吨的产业规模，产值超过 300 亿元。国家发展和改革委员会（简称国家发改委）已经将生物降解塑料产业列为战略性新兴产业，我国的生物降解塑料产业正迎来难得的发展机遇。抗静电和防腐蚀导电高分子材料是功能高分子材料的重点发展方向之一，以聚苯胺和聚噻吩为代表的导电高分子材料已经在国内实现了产业化，我国成为继德国、美国、日本之后世界上少数实现导电高分子材料产业化的国家之一。

我国的超导材料研究从 20 世纪 80 年代末的氧化物高温超导体到近几年的铁基超导体研究，一直处于世界先进水平。我国在强电应用的铋系超导电缆、高温超导体二类带材、NbTi 线，弱电应用的高温超导微波滤波器用大面积超导薄膜、约瑟夫森器件用的常规超导薄膜等方面都有很好的工作基础，2012 年 10 月，我国拥有完全自主知识产权的高温超导滤波系统成功实现小规模生产并已交付使用，标志着我国部分高温超导材料已进入规模商业应用和产业化阶段。在铋系带材、钇系大面积双面薄膜、钇系新型涂层带材、钇系准单畴块材等方面，都已达到或超过国外同类材料的技术水平。Nb_3Sn、NbTi 线材已经成功地打入国际市场，为几家生产超导磁体线圈产品的垄断性企业提供绕制线圈的超导线材，实现了真正意义上的超导材料的产业化。在高温超导薄膜方面，我国多家单位可以制备出 2～3 英寸的双面薄膜，性能指标完全满足器件研制需要。但总体上看，超导材料的工程化能力和产业化水平与国外相比尚有较大差距[50]。

四、生物医用材料

生物医用材料，又称生物材料，是用于诊断、治疗、修复或替换人体组织或器官或者增进其功能的一类高技术新材料，可以是天然的，也可以是合成的，或是它们的复合[51]。按国际管理分类，生物医用材料及制品属于医疗器械范畴，主要包括骨科材料及植入器械、心血管系统介/植入材料和器械、医用高分子及耗材、牙科材料、神经调节及植入性微电子器械等。

（一）国外发展现状

近十年来，全球生物医用材料以高达 15% 的复合增长率持续增长，即使在全球经济衰退的 2008～2012 年仍保持 9% 左右的复合增长率，2012 年市场已达 1 850 多亿美元，2012～2020 年整个市场的复合增长率仍可保持 10% 左右，2015 年和 2020 年市场可分别达 2 462 亿美元和 3 970 多亿美元（图 2-14）。全球最大的医疗器械生产和消费国家是美国，2010 年占全球市场的 40% 左右，消费全球产品的 37%，年增长率约为 8%。由于经济发达，社会医疗保障体系健全，欧盟成为全球第二大医疗器械市场，占有全球市场份额的 29%。亚太地区是全球第三大市场，占有 18% 的市场份额，其中日本是亚太地区医疗技术最先进且发展最快速的国家，是世界第三大医疗器械市场。中国和印度最具备成长潜力与空间，因拥有最多的人口，且医疗保健系统正在发展当中，尚未成熟；东南亚国家的医疗保健系统也有很大的发展空间，因此，市场也将持续增长。拉丁美洲是另一个成长最迅速的区域，墨西哥、巴西、阿根廷和智利等国家都正在逐步向工业化国家发展，预估未来对医疗器械的需求也将保持较高速度增长[①]。

图 2-14　世界医疗器械及生物医用材料市场及发展预测 [52]

---

① The value of medical technology companies in a competities environment connections，2011-07-03.

发达国家生物医用材料及植入器械产业多数聚集在经济、技术、人才较集中或临床资源丰富的地区，如美国的硅谷、128号公路科技园、明尼阿波利斯及克利夫兰，德国的巴州艾尔格兰、图林根州，日本的筑波、神奈川、九州科技园等。产业高度集聚是发达国家生物医用材料产业的重要特点。2010年世界医疗器械产业由27 000个医疗器械公司构成，其中90%以上为中小企业。发达国家的中小企业主要从事新产品、新技术研发，通过向大公司转让技术或被大公司兼并维持生存，大公司通过兼并小公司提高其集中度，1998～2009年，美国行业年平均兼并收购达200起，GE公司即达59起。2009年排名前25位的跨国医疗器械公司占据了全球医疗器械总销售额的60%。

重大技术突破专栏

组织再生型生物材料和植入器械设计和制备技术[7, 53～55]

可刺激或诱导组织再生的生物材料和植入器械设计和制备技术，包括可诱导组织再生的材料设计和制备及组织工程技术，其发展将颠覆性地导致当前生物材料产业的技术结构和市场发生革命性变革。利用材料和植入器械调动人体自我康复功能，刺激或诱导组织再生，实现被损坏的组织或器官永久康复，已成为当代生物材料科学与产业发展的方向和前沿，并正处于实现重大突破的边缘，可刺激或诱导组织再生的生物材料将成为未来生物材料产业的主体，常规生物材料的时代正在过去，生物材料科学与产业正在发生革命性变革。要重点突破以下技术：生物材料基因组研究及生物制造的3D打印技术；材料表面生物功能化改性技术；微创伤治疗技术及器械；与信息技术结合的植入性微电子器械的设计和制备；材料长期生物相容性和有效性评价的新方法和模型；等等。

国外跨国公司已从最初的较单一产品生产，通过企业内部技术创新和并购其他企业，不断进行产品生产线延伸和扩大，实现多品种生产。行业进一步集中（垄断）和产品多元化已成为生物医用材料产业发展的一个重要趋势。2012年全球生物材料和植入器械销售额高于50亿美元的大型企业主要有强生（274亿美元）、美敦力（162亿美元）、百特（142亿美元）、柯惠（99亿美元）、雅培（98亿美元）、史塞克、碧迪、波士顿科学、贝朗、爱尔康、圣犹达等。

生物医用产品更新换代周期短，提高创新能力已成为企业生存和保持市场竞争力的关键，发达国家企业研发经费投入平均已达企业销售额的8%以上，最高达13%，仅次于药品。按照普华永道（PwC）对各国医疗器械产业实力和创新能力评价的5项指标计分，2010年参评的9个国家排名为美国（7.1分），德国、英国（5.4分），法国（5.0分），日本（4.8分），以色列

（4.6分），中国（3.4分），印度、巴西（2.7分）。

生产和销售国际化是生物医用材料发展的又一突出趋势。几乎所有生物医用材料的大型企业均是跨国公司，其销售额的相当部分来自国际市场，如2012年，美国强生公司医疗器械及诊断材料销售额的54%（150亿美元），波士顿科学销售额的48%（34亿美元），美敦力销售额的46%（74亿美元），均来自境外市场。为开拓国际市场，跨国公司通过向境外输出技术和资金，在国外建立子公司和研发中心，就地生产和研发。同时，为适应国际贸易的发展，国际标准化组织（International Organization for Standardization，ISO）不断制定和发布生物医用材料和制品的国际标准。

生物医用材料产业主要由表2-6中的几大类产品构成。

表2-6　国际生物医用材料市场的主要产品类别及其销售额

类别＼销售额	2012年/亿美元	2012~2020年复合增长率/%	2015年（预计）/亿美元	2020年（预计）/亿美元
1.骨科材料及植入器械	398	8	501	737
2.心血管系统介/植入材料和器械	343	11	469	790
3.医用高分子及耗材	729	8.7	936	1 427
（1）医用高分子及高端术中耗材	296	7	363	509
（2）血液净化及体外循环系统耗材	158	10	210	339
（3）眼科耗材	120	8	151	222
（4）高端术中耗材（创口护理、盆底重建及疝修补、美容整形材料等）	155	11	212	357
4.牙科材料	148	10	197	317
5.神经调节及植入性微电子器械等（除心血管）	87	15	132	266
6.其他	145	15	220	443
总计（约）	1 850	10[1)]	2 455	3 980

1) 10为2012~2020年整个生物医用材料市场复合增长率

骨科材料是生物医用材料中最成功的领域，全球骨科材料及植入医疗器械市场在近10年得到了极大的发展，1998～2007年平均年增长率高达15%，全球金融危机期间仍维持了5%的增长率。据统计，2012年全球骨科市场规模在400亿美元左右（表2-7）[①]。全球骨科销售收入的60%来自美国，80%集中在美国、欧洲和日本，分布在这些地区的大公司控制了全球的市场和先进的技术。

---

① J&J profit up in Q2, bolstered by synthes acquistion. http：//www.qmed.com/news/jj-profit-q2-bolstered-synthes-acquistion，2013-07-16.

表 2-7　几大类骨科材料及植入器械市场及预测[56]

产品类别	2012年销售额/亿美元	复合增长率/% 1998~2008年	复合增长率/% 2008~2012年	复合增长率/% 2012~2020年	2020年销售额/亿美元	代表公司
人工关节	144	15	4	8	267	捷迈、强生、史塞克、施乐辉、巴奥米特、瑞特医疗、Aesculap、Tornier
脊柱植入体及相关器械	75	18	1	7	129	美敦力、强生、史塞克、NuVasive、Globus Medical、捷迈
创伤修复材料	59	10	5	6	94	强生、史塞克、施乐辉、捷迈、巴奥米特、Acumed、Orthofix
软组织修复及关节镜、运动医疗	42	9	5	8	78	Arthrex、强生、史塞克、施乐辉、Arthrocare、康美
生物性骨科材料	46	9	1	12	114	从世界500强的美敦力和史塞克到中小规模公司,有上千家公司在全球范围内销售
其他	32	8	6	10	69	—
总计（约）	398	13	5	8	751	—

国际骨科材料及植入器械约70%的市场由表2-8所列的10家大公司控制。

表 2-8　骨科材料及植入器械代表性公司及销售额

序号	国家	公司	2012年销售额/亿美元	2010~2012年复合增长率/%	主要产品
1	美国	强生	77.99	18.17	人工关节、脊柱植入器械、创伤修复材料、软组织修复材料及关节镜
2	美国	史塞克	45.50	4.12	人工关节、脊柱植入器械、创伤修复材料、软组织修复材料及关节镜
3	美国	捷迈	38.48	2.23	人工关节、脊柱植入器械、创伤修复材料
4	美国	美敦力	32.67	−3.39	脊柱骨科植入器械和骨形态发生蛋白（BMP）
5	英国	施乐辉	31.08	0.95	人工关节、创伤修复材料、软组织修复材料及关节镜、运动医疗
6	美国	巴奥米特	23.67	2.79	人工关节、创伤修复材料、运动医疗
7	美国	Arthrex	15.00	—	运动医疗、关节镜
8	德国	Aesculap	6.50	—	人工关节、脊柱
9	美国	ConMed	6.50	4.37	运动医疗、关节镜
10	美国	NuVasive	6.20	13.88	脊柱

49

心血管系统介/植入材料和器械已成为生物医用材料的第二大市场。如表 2-9 所示，心血管系统介入器械已从 20 年前国际生物材料市场的一个小产业，发展成为一类重要的产业，不仅包括血管支架，还包括人工心瓣膜、植入性除颤器等。介入治疗通常是采用心导管技术在影像引导下通过动脉将治疗用器械送入心脏或血管等病变部位实施治疗，其特点是创伤小、术后恢复快、安全可靠、疗效明显、医疗费用低，不仅已成为心血管系统治疗的主要发展方向，且正推广应用于其他损坏或病变组织的治疗，是当代医学和生物材料科学与工程的一项标志性成果和重大进展。国际心血管系统介/植入材料和器械约 85% 的市场份额由表 2-10 中所列的 10 家公司控制。

表 2-9 心血管系统介/植入材料和器械市场及预测[57]

产品类别	2012年销售额/亿美元	复合增长率/% 2003~2008年	复合增长率/% 2008~2012年	复合增长率/% 2012~2020年	2020年销售额/亿美元	代表公司
1. 血管支架及介入手术器械	121	13.7	5.6	12.5	310	美敦力、雅培、波士顿科学、百多力、强生
（1）血管支架	84	15	5.5	13	223	
（2）介入手术器械	37	11	6	10.3	87	
2. 心律调节器械	146	11.8	4.4	10.1	309	美敦力、雅培、波士顿科学、强生、日本泰尔茂、Edwards Lifesciences、圣犹达、巴德、索林
（1）心脏起搏器	73	10	3	8	135	
（2）植入式除颤器	53	13	5	10	113	
（3）电生理器械	20	15	8	15	61	
3. 心脏植入器械	76	8.5	6.4	10	165	
（1）心脏瓣膜	21	10	10	13	55	
（2）其他（包括人工心脏、封堵器等）	55	8	5	9	110	
总计（约）	343	12	5	11	784	—

表 2-10 心血管系统介/植入器械代表性公司及销售额

国家	公司	2012年销售额/亿美元	2010~2012年复合增长率/%	主要产品
美国	美敦力	84.82	2.13	心脏起搏器、植入式除颤器、电生理器械、冠脉支架及其他心脑血管支架和相关介/植入手术器械、人工心瓣膜、封堵器等
美国	圣犹达	50.80	3.05	
美国	波士顿科学	42.34	−4.75	
美国	雅培	30.71	−5.60[1)]	血管支架及相关介/植入手术器械、人工心瓣膜、封堵器等
美国	强生	19.85	−11.80	电生理器械、血管支架、导管及相关介/植入器械等

续表

国家	公司	2012年销售额/亿美元	2010~2012年复合增长率/%	主要产品
美国	Edwards Scientific	19.00	14.59	人工心瓣膜、封堵器、急救护理等相关手术器械
日本	泰尔茂	17.00	8.63	心-肺机、氧合器、人工血管、血管支架、导丝钩、球囊导管等
美国	巴德	8.45	5.73	电生理器械、人工血管、血管支架、导管、静脉腔过滤器等
意大利	索林	9.58	−1.70[1]	心-肺机、氧合器、人工心瓣膜、心脏起搏器、植入型心律复率除颤器、电生理器械等
德国	百多力	6.68	−1.50[1]	心脏起搏器、植入型心律复率除颤器、除房颤器械等

1) 代表2011~2012年复合增长率

医用高分子及术中耗材主要包括医用高分子及常规术中耗材和高端术中耗材。

医用高分子及常规术中耗材涵盖药物存储与输注（液）类医用耗材、血液存储与分离类医用耗材、医用敷料、腹膜透析袋、营养袋及各类医用导管等，按技术含量可分为中低端耗材（药棉、纱布、绷带、手套等）和中高端耗材，前者本章基本不涉及。医用耗材大多为一次性耗材，使用量和市场空间大。

表2-11为几类重要的医用高分子及常规术中耗材市场及其预测。医用常规耗材大量使用医用高分子（表2-12）。

表2-11　几类重要的医用高分子及常规术中耗材市场及其预测

类别	2012年销售额/亿美元	2012~2020年复合增长率/%	2020年（预测）/亿美元
医用敷料	164	8	309
传统	80	5	107
功能性（高端）	84	15	151
血液制品存储、输血器械	40	6	64
其他（导管、中高端输注器械、止血材料等）	92	5	136
低端一次性医疗器械（不计入总计）	800	5	1 182
总计	296	7	509

表2-12　几类主要医用高分子及其年耗量

名称	年耗量/万吨	用途
医用聚烯烃	500	药物存储及输注类耗材
聚氯乙烯（PVC）、聚酯、聚碳酸酯（PC）等	200	血液存储及输注类耗材
羧基纱、聚乙烯醇、聚乳酸、海藻酸钠、壳聚糖、胶原等	~100	医用敷料
营养袋和各类医用导管普遍采用的乙烯-醋酸乙烯酯共聚物、PVC、聚烯烃、聚氨酯和硅橡胶等	~100	腹膜透析袋、营养袋、导管等

51

由登士柏（Dentsply）、士卓曼（Straumann）、诺保科（Nobel Biocare）、巴奥米特等公司控制，韩国的奥齿泰（Osstem）在亚洲国家占据了很高的份额。

表 2-17　国际牙科耗材及假体市场简况

类别	2012年销售额/亿美元	2012～2020年复合增长率/%	2020年销售额/亿美元
1. 牙科重建、耗材及假体	90	10	193
（1）牙种植体	31	10	66
（2）CAD/CAM 牙修复材料（牙桥、牙冠等）	20	12	53
（3）口腔组织再生材料（骨移植物、膜、软组织修复材料等）	4	10	9
（4）其他（传统牙科修复材料、牙贴面材料、假牙等）	35	8	65
2. 牙科预防、治疗类耗材	58	10	124
总计（约）	148	10	317

植入式微电子器械是一类埋置在机体或人体内的电子器械，主要用来测量生命体内的生理、生化参数的长期变化与诊断、治疗某些疾病，实现对体内的直接测量和控制功能，也可用来代替功能业已丧失的器官，主要产品包括起搏器、除颤器、心电记录器、心脏辅助装置、人工心脏等心脏植入微电子器械，人工耳蜗，用于缓解疼痛感及治疗癫痫、帕金森病、肠胃病症、急性尿失禁等的神经刺激器械，以及骨骼生长刺激器、药物输注泵等（表2-18）。心脏植入器械在前文的心血管系统介/植入材料和器械部分已述，故此处重点介绍神经类植入器械和人工耳蜗等产品。仅在美国每年就有超过1 000万人遭受帕金森病、癫痫、肌张力障碍等神经方面的疾病的困扰。植入神经刺激器能够有效地治疗这类疾病，其主要产品有脑深部刺激器、脊髓刺激器及迷走神经刺激器等。全球有3.6亿人患有听力障碍[1]，耳聋患者在美国约有2 000万人，中国约有2 800万人[2]。人工耳蜗是一种典型的精密电子医疗装置，对治疗感音性耳聋有其他方法不可替代的疗效。目前，全世界有数万名患者使用了这种电子刺激器，但人工耳蜗的研究涉及声学、电学、计算机科学、信息处理和生物材料学等多方面的知识和技术，世界上只有少数几个国家能生产，且价格昂贵。国际人工耳蜗市场约10亿美元，主要由三家公司垄断（表2-19）。

---

[1] WHO. Ten facts on deafness. http：//www.who.int/features/factfiles/deafness/facts/en/index.html.

[2] Bloomberg businessweek，2013-04-07.

表 2-18 国际植入性微电子医疗器械市场简况

类别	2012年销售额/亿美元	2012~2020年复合增长率/%	2020年销售额/亿美元
心脏植入器械（起搏器、除颤器、心率监控仪等）	146	10	313
生物芯片	47	10.5	104
神经调节（治疗癫痫、帕金森病、慢性疼痛等植入器械）	28	19.6	117
植入性助听器械	10	19	40
其他（脊柱融合刺激器、给药泵、视网膜植入器械等）	2	11	5
总计（除心血管器械部分，约）	87	15	266

表 2-19 人工耳蜗国际垄断公司

国家	公司	2012年销售额/亿美元	同比增长/%
澳大利亚	Cochlear	7.79	-4
瑞士	Sonova	1.47	47.1
奥地利	Med-EL	~1	—

（二）国内发展现状

近十年来，我国生物医用材料市场以高达30%左右的复合增长率持续增长，远高于同期国际市场的15%，2012年销售额已达120多亿美元，约占同期国际市场的6.5%，2012~2020年复合增长率可保持在25%左右，2020~2030年复合增长率可保持在15%左右，2015年销售额可达235亿美元，2020年达715亿美元，2030年达2 892亿美元（图2-16），并带动相关产业新增附加值分别达447亿美元、1 360亿美元和5 495亿美元。但目前我国生物医用材料和植入器械年耗量仅达美国的约1/10，高技术产品的70%以上依靠进口，远不能满足13亿人对生物医用材料的基本需求[58]。

国内生物材料产品主要包括骨科材料及植入器械（13%）、心血管系统介/植入材料和器械（28%）、医用高分子和术中耗材（包括眼科耗材、血液净化及体外循环系统耗材等，共46%）。其中，医用敷料和一次性耗材企业多，共800多家，产值大，达200多亿元，出口也多。截至2012年6月，全国生物医用材料生产企业约有2 000家，主要集聚在长三角、珠三角、环渤海湾以及新形成的成渝地区，产品已覆盖国际市场的大部分品类。虽然生产企业的90%以上为中小企业，但大型龙头企业已开始萌生，年销售额1亿元人民币以上

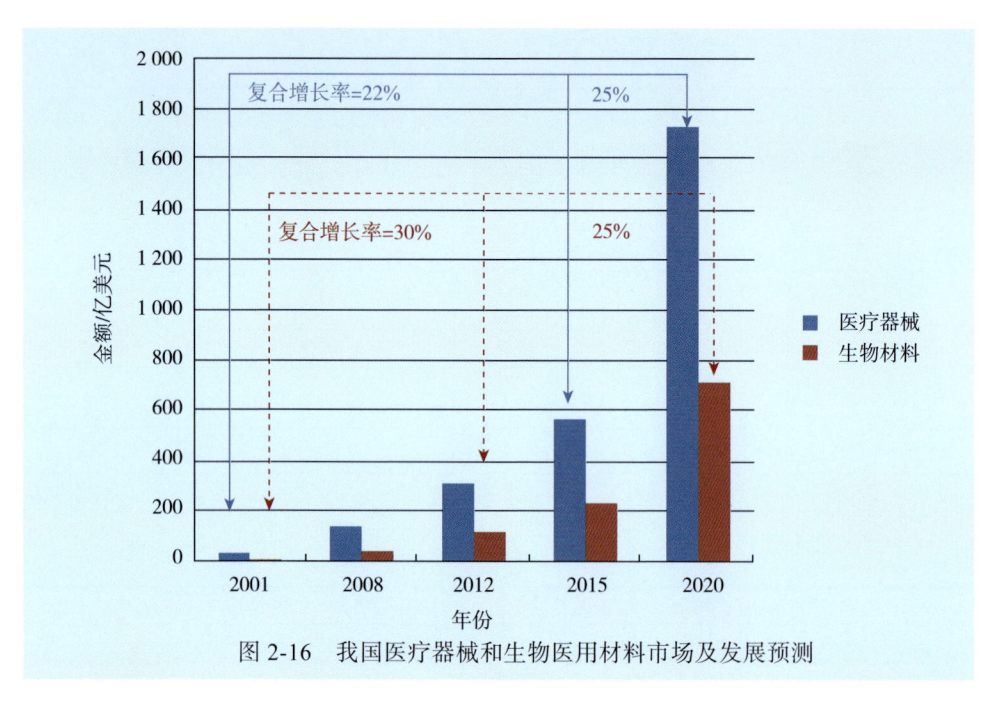

图 2-16　我国医疗器械和生物医用材料市场及发展预测

的国内企业共 26 家，包括威高（80 亿元）、乐普（10.2 亿元）、微创（9.3 亿元）、创生（3.8 亿元）、康辉（3.3 亿元）、阳普（3 亿元）、先健（1.8 亿元）、冠昊（1.5 亿元）8 家上市企业，以及纳通（4.2 亿元）等。行业的技术层次亦有大幅度提高，冠脉支架和骨创伤修复器械已基本实现国产化。生产及售后监管工作亦逐步完善，并与国际接轨。国家食品药品监督管理总局已相继建立了 13 个与生物材料相关的技术标准化委员会，制定和修订了一批国家和行业标准。

我国生物医用材料产业主要由下述几大类产品构成（表 2-20）。

表 2-20　我国生物医用材料市场的主要产品类别及其销售额

类别	2012 年销售额/亿美元	2012～2020 年复合增长率/%	2015 年销售额/亿美元	2020 年销售额/亿美元
1. 骨科材料及植入器械	16	25	31	95
2. 心血管系统介/植入材料和器械	34	24	65	190
3. 医用高分子及术中耗材	55	24	105	308
（1）医用高分子及常规术中耗材	40	23	74	210
（2）眼科耗材	8	25	16	48
（3）血液净化材料及体外循环系统耗材	7	28	15	50
4. 牙科耗材	7	27.5	15	49
5. 其他	9	30	19	73
总计（约）	121	25	235	715

骨科材料及植入器械方面，虽然行业发展仅有20多年的历史，但发展速度非常快，尤其是近10年来成长速度更快，国产产品基本能覆盖各类的骨外科疾病，骨创伤材料和器械的60%以上已实现国产化。表2-21为2012年国内几大类骨科材料及植入器械市场规模及其增长预测。

表 2-21　几大类骨科材料及植入器械市场规模及其增长预测

产品类别	销售额/亿元 2012年	复合增长率/% 2012~2020年	销售额/亿元 2015年	销售额/亿元 2020年
人工关节	31	26	62	197
脊柱植入体及相关器械	25	27	51	168
创伤修复材料	29	24	55	161
生物性骨科材料	6	30	13	48
其他	7	4	9	10
总计（约）	98	25	190	584

受研发和生产技术等限制，中国骨科器械市场主要被外资企业主导，2009年外资企业占中国骨科器械56%的市场份额，主要包括强生、美敦力、辛迪思、史塞克等。不过，国内本土企业凭借低廉的生产成本、成熟的制造工艺、完善的医疗市场销售渠道等优势，正不断增大对骨科器械市场的争夺，努力从中低端市场向高端市场突破，未来国产代替进口趋势明显，特别是创生、康辉和威高三大国内企业，2009年合计占创伤产品市场的17.1%，占脊柱产品市场的13.7%，显示了强劲的市场竞争力[59]。但情况却不容乐观，迄今三家上市企业中两家已被外企收购。2012年美国美敦力公司以50亿元收购康辉，2013年年初美国史塞克公司出资47亿元收购创生。此前，2010年美国捷迈公司出资3.5亿元收购国内人工关节领域发展较好的蒙太因公司。外企的收购无疑有碍骨科产品的国产化，为外企进一步占领国内庞大的市场提供了机会。

心血管系统介/植入材料和器械方面，随着我国心血管疾病患病率的不断提高、人均收入水平的增加、医保支付比例的扩大，心血管介入器械行业市场，特别是心血管支架市场发展势头非常惊人。我国冠脉血管支架介入性治疗手术在2002年仅为2.5万例，2009年增至24.2万例，2011年增至40.8万例；冠脉支架植入数量2002年仅为4.0万套，2009年增至38.7万套，2011年增至约65万套。2005年以前，我国心血管支架介入器械市场主要被国外产品占据，随着我国对海外优秀人才的积极引进、对核心技术的不断探索和创新，依靠价格和渠道优势，国产支架的市场占有率逐年增加，2011年已占据70%以上的国内市场份额。随着需求和市场的不断扩大以及出口增长，预计在未来5~10年中，我国心血管支架介入器械市场规模年均复合增长率将达到30%以上。我国心血管系统植入器械已向高端产品发展，2010年药物洗脱冠脉支架国产率达78%，封堵器已90%自给，基本实现进口替代。但与发达国家相比，我国心血管系统介/植入器械无论产业规模，还是产品技术水平仍存在较大的差距。例如，介入治疗手术器械、心脏起搏器、人工心脏瓣膜的90%以上仍依靠进口。2011年美国雅培公司研发的新一代可降解血管支架已经上市，并不断扩大销售规模，有可能取代或者取代相当部分药物洗脱支架，我国尚处于研发之中。心血管系统介/植入材料和器械及其市场发展情况见表2-22。

表2-22 心血管系统介/植入材料和器械及其市场发展情况[57]

产品类别	销售额/亿元 2012年	复合增长率/% 2012～2020年	销售额/亿元 2015年	销售额/亿元 2020年
1. 血管支架及介入手术器械	167	24.95	325	986
（1）血管支架	119	25.00	232	709
（2）介入手术器械	48	24.50	93	277
2. 心律调节器械	31	19.80	53	131
（1）电生理器械	8	20.00	14	34
（2）起搏器	14	18.00	23	53
（3）除颤器	9	22.00	16	44
3. 心脏植入器械	10	22.50	18	51
（1）心脏瓣膜	7	25.50	14	43
（2）封堵器	3	13.00	4	8
总计（约）	208	24.08	396	1 168

低端医用高分子及常规术中耗材方面，我国是生产、使用及出口大国，产销量居世界第一位，但高端耗材依靠进口。国产医用高分子及常规术中耗材产品包括医用敷料、一次性输注器械、血液制品存储、输血器械、手术缝线等，市场年销售总额估计超过250亿元，加上出口100多亿元，总产值在350亿元左右。据统计，我国各类医疗器械企业约1.4万家，其中90%以上从事生产医用高分子及常规术中耗材行业。这些企业主要以中小企业为主体，产值超过1 000万元的企业不超过10%，销售额大于1亿元的企业不足200家，未能实现大规模批量化生产，市场竞争力不足。国内代表性公司有威高集团、浙江双鸽、淄博山川、天津哈娜好、江西洪达、深圳益心达、无锡宇寿和浙江玉升等。我国的高端医用高分子术中耗材与国际差距较大，主要依靠进口。

血液净化材料方面，随着人口老龄化和生活方式的改变，晚期肾脏疾病发病率逐年上升，加之各级医保覆盖面的扩大和报销比例提升、新建透析中心覆盖更多人口，近年来国内透析病人有加速增长的势头，预计到2018年将达到50万人，年复合增长率达到17%。2010年，全球血液透析市场规模近700亿美元，国内的透析产业规模不到100亿元，增长空间很大[59]。国内透析市场主要由外资企业占据，包括费森尤斯、百特、金宝、旭化成可乐丽和尼普洛。腹膜透析市场几乎被百特公司垄断。

眼科耗材方面，我国约有30%的人口（超过3亿人）患有近视，且近年来近视患病率在我国年轻人群体中呈急剧增长趋势，在16~22岁的群体中已达80%左右，因此，市场规模增长显著。我国白内障患者已达5 000万人左右，需要进行手术治疗的达500万人，并且每年新增40万人。我国有500万个角膜盲病人需要进行角膜移植。青光眼患者达650万人。然而在角膜接触镜方面，国内市场中进口产品占主导地位，包括博士伦、海昌、卫康、强生、视康、艾爵等国外品牌，2012年市场规模约36亿元。在人工晶状体方面，目前我们国家开展的白内障手术至少一半以上使用的还是发达国家早已淘汰的硬式人工晶体，软式（可折叠）人工晶体基本上依赖进口，2010年市场约达9.6亿元。我国还没有能完全自主生产软式（可折叠）人工晶体的厂商。进口晶体价格昂贵，一般是原产国销售价格的2~4倍，国内的生产商，包括苏州六六、珠海艾格、河南宇宙等，都是以生产硬式人工晶体为主，虽然2007~2008年国家食品药品监督管理总局批准了2~3家国产软式（可折叠）人工晶体的销售，但由于各种原因，目前国产软式（可折叠）人工晶体的市场占有率几乎为零。用于治疗青光眼的植入物、引流器方面全部依赖进口。玻璃体填充物的硅油、惰性气体、透明质酸的国内市场主要被美国爱尔康公司、博士伦公司等占领，国内刚刚起步的威海赛奥新材料科技有限公司、上海华捷视医疗设备有限公司在国内市场占不到10%的份额，很少外销。

我国口腔材料长期以来发展未受到足够的重视，导致目前口腔材料的企业分散、规模小、技术创新能力差，目前80%以上的口腔植入材料依靠从美国、德国、日本进口，昂贵的进口产品加大了患者和国家的负担。牙科高端技术中的义齿种植，作为口腔牙列缺损及缺失的一种重要的修复治疗方式，在口腔治疗中每年以25%左右的速度增长，应用前景非常广阔。

目前我国牙科材料市场中瓷牙的出口潜力大，预计市场总量为2 500万颗/年。合成树脂的市场前景大，复合树脂牙需求量明显呈上升趋势，但国产品市场占有率很低，生产此类产品的30多家企业中，生产国际上已经趋于淘汰的单色牙的企业占80%以上，未来市场将是高磨复色的天下，预计国内年需求量在8 000万颗左右。黏合剂市场稳中有升，但由于国内产品色泽选择范围小，国内医院大多使用进口产品。复合树脂充填材料需求量大，预计年需求量在1吨左右，目前临床使用的此种材料几乎全部依靠进口。口腔印模材料的国际趋势是藻酸盐印模粉和橡胶模材料。我国红、白打样膏，弹性打样膏等国产品还不能满足临床需求。硬石膏及蜡制品虽然需求量都很大，但国产质量不稳定，也不能占有市场。

总体来说，目前虽然全球60%以上的低端医用耗材由我国提供，但年耗100多万吨的高分子包装材料的原料仍依赖进口。除此之外，尚无金属、高分子等基础原材料专门供应商。大部分精密加工设备及加工工具也依靠进口。完整的生物医用材料和植入器械产业创新链尚待形成。高端技术产品80%以上仍依靠进口。更为严重的是，国外生物材料公司对我国稍有起色的民营企业正在进行大规模的收购或控股。仅2011～2012年，美敦力、捷迈、史塞克等公司即投入100多亿元收购或控股了我国四家注册资金仅2 000万～5 000万元、年销售额低于6亿元的民营企业。产业外资化已对民族产业的发展提出了严峻的挑战。

五、金属材料

金属材料是国民经济发展的重要基石，也是当今高技术发展不可或缺的关键材料，其产品涉及种类多、技术附加值高、产业关联度广。本章所述的金属材料主要包括为航空产业、卫星及应用航天产业、节能环保、轨道现代交通装备业、海洋工程装备、智能制造装备高端装备制造以及新能源领域提供基础结构材料的先进钢铁材料和有色金属材料。

（一）国外发展现状

金属材料包括钢铁材料和有色金属材料两大类。

近年来，世界钢铁产量增长缓慢，据国际钢铁协会（World Steel Assiociation）的统计数据表明，2011年全球粗钢产量15.29亿吨，突破15亿吨，同比增长6.8%；2012年全球粗钢产量增长低迷，总产量为15.478亿吨，同比仅增长1.2%。其中，世界钢铁协会62个成员粗钢产量合计为15.179 45亿吨，占全球产量的98.1%。2013年全球粗钢产量为16.07亿吨，首次超过16亿吨，比2012年增长3.8%。

图2-17为2005~2012年全球钢铁产量，图2-18为全球2012年和2013年各经济体钢产量比重图。

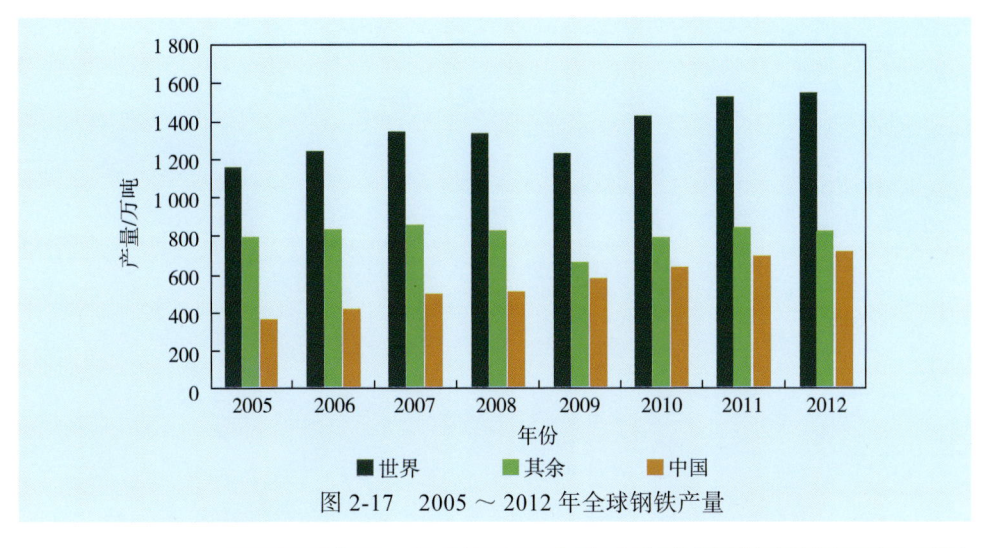

图 2-17 2005～2012 年全球钢铁产量

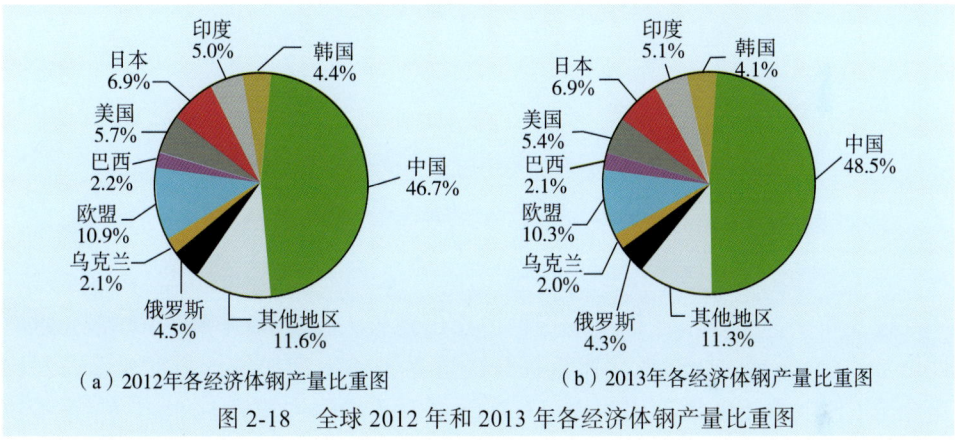

（a）2012 年各经济体钢产量比重图　（b）2013 年各经济体钢产量比重图

图 2-18 全球 2012 年和 2013 年各经济体钢产量比重图

先进钢铁材料是指比传统钢铁材料具有更高强度、韧性和耐高温、抗腐蚀等性能的节能环保材料[60]，代表种类有不锈钢、硅钢、以轴承钢为代表的各类特殊钢、汽车用钢和海洋工程用钢等。

不锈钢由于其优良的耐蚀性能而被广泛应用于环保领域。根据世界不锈钢论坛统计，2012 年全球不锈钢产量约达 3 540 万吨，再创历史新高，同比增加 5.2%。西欧/非洲是世界第二大不锈钢生产区域，2012 年该地区不锈钢产量同比小幅下降 0.7%，总量为 780 万吨。从部分主要钢厂的情况来看，2012 年的不锈钢产量都有不同幅度的增长。Acerinox 在西班牙、美国和南非的不锈钢粗钢产量均高于前两年同期产量，2012 年全年产量超过 200 万吨。Outokumpu 在芬兰的工厂产量也有较大增长，2012 年年底与 ThyssenKrupp 的 Inoxum 合并之后，旗下总计拥有 550 万吨的不锈钢产能，超过太钢和韩国浦项，成为全球最大的不锈钢生产商，图 2-19 为 2001~2012 年全球不锈钢粗钢产量。

61

图 2-19 2001～2012年全球不锈钢粗钢产量

注：*代表数据不够全面

资料来源：英国 MEPS 公司. 全球钢铁产量和不锈钢产量报告，2013

近几年来，全球不锈钢市场钢种占比出现较大变化，Cr系（400系）重要性增加，CrMn系（200系）比重提升。世界不锈钢论坛统计数据显示，2012年全球CrMn系不锈钢占比为21.1%，CrNi系不锈钢占比为54.1%，Cr系不锈钢占比为24.8%。不锈钢产品的开发，除了从生产工艺进行改进外，还从成分设计和加工性能方面采取了许多改良措施，开发出了性能优良、品种繁多的多功能不锈钢产品。主要品种有高耐腐蚀性和高耐候性不锈钢、高加工性能不锈钢、高耐氧化性不锈钢和高性能不锈钢材料。

电工钢是用量最大的一种软磁材料，主要用于制作变压器、发电机、电动机的铁芯及镇流器、继电器等导磁元件，是发展新能源与节能环保等新兴产业不可缺少的重要原材料。电工钢主要分为取向硅钢和无取向硅钢。取向硅钢的技术发展以降低铁损、提高磁感应强度为研究目标。近年来，在全球资源逐渐匮乏、环境污染日益严重的背景下，除了追求取向硅钢更高的磁性能，节能、环保、经济型的生产方式已经成为世界各大电工钢生产厂家的研发热点。目前全世界仅有十余家企业可以生产取向硅钢。主要企业有日本的新日铁和JFE、韩国的浦项、美国的AK和Allegheny Ludlum、俄罗斯的新利佩茨克（NLMK）、德国及在法国的蒂森克虏伯、英国的Cogent Power、巴西的Acesita、波兰的Stalprodukt S.A.、捷克的Valcovny Plechu A.S.，以及中国的武钢、宝钢、鞍钢等。

重大技术突破专栏
3D打印材料

3D打印技术属于增材制造范畴，其以数字化、网络化、个性化、定制化的突出特点正在快速改变着传统制造业。节省材料、成本与形状复杂度无关的特性，使得3D打印在很多情况下成为比传统工艺更优的选择。目前3D打印的材料主要为塑料、无机材料、光敏树脂和石膏等，但如果要"打印"出大多数的工业化产品，光靠这些材料是远远不够的，金属零件的3D打印技术作为整个3D打印体系中最为前沿和最有潜力的技术，是先进制造技术的重要发展方向。目前，3D打印的汽车、金属手枪等产品已相继面世。但由于金属的熔点比较高，打印的过程涉及金属的固液相变、表面扩散及热传导等多种物理过程，且生成的晶体组织是否良好、试件是否均匀、试件内的残余应力等多种复杂因素，金属材料的3D打印技术距离实现工业化生产还有很长的路要走。

冷轧无取向电工钢主要用于制作各种电机的铁芯材料，具有良好的磁性能和加工性能。近年来，无取向电工钢的研发工作都围绕高效电机用钢展开，目的就是节能降耗，典型用途为空调压缩机和电动汽车中的各种驱动电机。提高高效电机用钢磁性能的措施如下：①提高钢的纯净度，降低硫、氮、氧、碳等杂质元素含量。②加入有利元素改善织构。③热轧板常化工艺，使热轧板组织均匀化，成品钢带晶粒尺寸分布均匀，磁性能提高。④硅的质量分数$w(Si)<1.5\%$，电工钢采用半工艺方法。⑤产品厚度减薄。由通用的0.5毫米减薄到0.35毫米及以下，进一步降低涡流损耗。

现代交通用钢包括高速轨道用钢和汽车用钢。轨道交通装备业主要涉及特殊钢，如高铁用轴承钢、高铁用弹簧钢、高铁用齿轮钢等。国外特殊钢（不含电工钢）年产量约8 800万吨，产量和所占钢产量比例也相对稳定且呈缓慢增长趋势。工业发达国家特殊钢产量一般占其钢总产量的15%～20%，其中，瑞典的特殊钢比例高达45%～50%。特殊钢总体水平最高的国家是日本，其产量和出口量位居发达国家之首。其他一些发达国家在某些特殊钢品种上也都各有特色，如瑞典是世界上"特殊钢比重"最高的国家，其SKF公司的轴承钢、山德维克公司的工模具钢在国际上具有很高的知名度，瑞典的特殊钢年产量的 60% 以上是用于出口；法国的不锈钢、精密合金，奥地利的工模具钢，美国和英国的高温合金等，都位居国际一流水平。国外的特殊钢产品具有尺寸精度高、钢中有害物质少、夹杂物控制水平高、使用寿命长、耐热耐腐蚀等优异的性能特点。

重大技术突破专栏

短流程、高效、清洁的钢铁材料先进制备、成型与加工技术

钢铁材料在可预见的未来仍是我国经济发展过程中用量最大、应用领域最广的不可替代的结构材料，高性能、高品质的先进钢铁材料是推动新能源、海洋工程、交通运输、航空航天等战略性新兴产业发展的基础和保障。随着全社会对绿色、低碳、节能环保意识的提高，要求钢铁结构材料具有高性能、长寿命、减量化生产的特性，同时应满足资源节约、环境友好的要求，高度重视钢铁材料的绿色制造和制造绿色。钢铁材料强韧化的措施是向组织细化方向发展，钢材产品的内在质量向提高钢材洁净度和均匀度方面发展，使钢材的性能大幅提高，并促使大尺寸、厚规格的产品进入稳定生产阶段。发展的重点技术包括钢铁生产流程优化简化技术、高效低成本洁净钢冶炼技术、新一代轧制及热处理技术、余热余能高效转化回收与利用技术以及冶金工业废弃物的综合利用和无害化处理新技术等。

为了满足汽车轻量化、节能和减排的要求，国外的钢铁企业与研究机构一直致力于推动汽车用钢的发展，代表性的项目有 1998 年的超轻钢质车身（ultra light steel auto body，ULSAB）、2002 年先进的概念汽车（ultra light steel auto body-advanced vehicle concepts，ULSAB-AVC）、2007 年的未来钢质汽车（future steel vehicle，FSV）、2013 年美国的"轻量化第三代先进高强度钢的集成计算材料工程方法"等。目前较为集中的研究热点为中锰钢、QP 钢、纳米钢和热冲压钢。

海洋是人类尚待开发的资源宝藏，是拓展人类生存空间的希望所在。海洋工程用钢主要包括海洋油气开采和输送装备、海水淡化装置、船舶及深海探测潜艇等装备用钢。海洋工程装备建造商的第一阵营公司主要在欧美，它们垄断了海洋工程装备开发、设计、工程总包及关键配套设备供货；而海洋工程装备用钢的国外生产厂家分布在日本和德国，其中的代表厂家为日本的 JFE 公司、新日铁公司与德国的迪林根公司。国外由于海洋工程装备用钢开发时间较长，产品更加成熟[61]，主要体现为如下特点：①标准专用化。日本 JFE 公司对海

洋平台钢板形成了自己的企业标准系列，如 JFE-HITEN 系列高强钢板、JFE-HITEN 系列良好焊接性及大线能量焊接钢板、低温用钢板及耐海水腐蚀钢板等；美国有针对海洋平台用钢的美国石油协会（American Petroleum Institute，API）2W 和 2Y 标准，对有特殊要求的钢板，如低温、应变时效、表面质量等进行了规定。②大规格高强度。JFE 公司海洋平台用钢抗拉强度为 360～980 兆帕，可以生产厚度达 125～150 毫米的特厚板。③特殊使用性能上，如大线能量焊接性能、寒冷地区使用要求的 -40℃以下的低温韧性、耐海洋环境腐蚀等方面表现优异。

航空产业、卫星及应用产业主要以有色金属为主。由于有色金属新材料在发展高技术、改造和升级传统产业、增强综合国力和国防实力方面起着重要的作用，世界各先进国家都非常重视有色金属新材料的研究发展及产业化技术开发工作。随着我国等发展中国家制造业的兴起，低端有色金属材料的生产加工正逐步转向发展中国家，但日本、美国、德国、俄罗斯等发达国家在新型有色金属材料领域仍然保持着技术资本的领先优势，一些关系到高技术工业的高性能有色金属结构和功能材料一直占据着垄断地位[62]。美铝、德铝、法铝等世界先进企业在高强高韧铝合金材料的研制生产领域占据世界主导地位，是全球航空航天、交通运输等领域轻质高强材料的供应主体。全球钛加工企业经过联合和兼并，已向着集团化、国际化的方向迈进，形成了美国、日本、独联体三足鼎立的局面。美国的 Timet、RMI 和 Allegen Teledyne 三大钛生产企业的总产量占美国钛加工总量的 90%，它们也是世界航空级钛材的主要供应商。日本的三菱、古河以及美国的奥林等企业则主导着全球高强高导铜合金市场，凭借技术先导优势赢得了高额利润和竞争优势。

新型高性能铝合金方面，目前可以大量生产和使用的轻质结构材料，是航空航天技术发展的重要支撑材料。近年来，其在武器装备和交通运输（汽车及高速列车）等方面的应用也在逐步扩展。铝在国民经济各个领域中都有广泛的应用，在日常生活中的应用也在快速增加。高性能铝合金中，最具代表性的是为适应航空航天器高机动性、高载荷、高耐疲劳、高速与高可靠性的要求而研制的高强高韧铝合金，主要包括 2 000 和 7 000 系铝合金等。1943 年美国开发出了 7075 铝合金并首次将它应用于 B-29 轰炸机上，为飞机结构设计和性能提高带来了革命性的变化，同时也为高强高韧铝合金的发展引入了契机。20 世纪 60 年代，美国以 7075 为基础，通过增加锌、铜含量和 Cu/Mg 比来提高强度，用添加锆（Zr）代替铬（Cr）克服了淬火敏感性问题并控制晶粒尺寸，开发出了强度、断裂韧性和抗应力腐蚀性能较高的 7050 铝合金，并于 1971 年在美国铝业协会登记注册。该合金首先被选用于 A6 和 F-18 飞机的挤压结构件。此消费的主要领域。"十二五"期间,我国绿色建筑、建材的大范围推广将促进不锈钢在房屋建筑行业更广泛的应用,具有高强度及优良耐蚀性的双相不锈钢(如牌号 2205)和奥氏体不锈钢(如牌号 304、304L)将逐步被用在围护结构、承重结构、钢筋混凝土结构等领域;经济型双相不锈钢(如牌号 2101)和现代铁素体不锈钢(如牌号 443、445J1)将逐步被用在建筑围护结构的屋面与墙面系统等领域。

2012 年,我国机械行业不锈钢消费量将同比增长 9%,达到 340 万吨。"十二五"期间,高氮不锈钢、超超临界火电、核电用耐热不锈钢(如直径 400 毫米以上的大口径 P91/P92 管)、超级奥氏体不锈钢(如牌号 654SMO)、抗菌性不锈钢是机械行业不锈钢开发的重点。其中,核电建设需大量核级不锈钢,如 304L、304NG 等及配套不锈钢焊接材料;石化工设备需采用大量的双相不锈钢(如 2101、2205)及超级奥氏体不锈钢(如 904L、254SMO);时速 200 千米及以上高速列车和轨道客车需大量新型不锈钢车厢板材(如不同强度级别的 301L 不锈钢)。

我国冷轧硅钢生产企业有 30 余家,生产能力 896 万吨,其中,无取向硅钢 825 万吨、取向硅钢 71 万吨。在生产品种方面,冷轧取向硅钢包括一般取向硅钢和高磁感取向硅钢(Hi-B)。随着我国生产技术水平的不断提高,Hi-B 取向硅钢产量逐年增加。2011 年,在我国取向硅钢总产量 62 万吨中,Hi-B 取向硅钢产量 28.8 万吨,占取向硅钢总产量的 46.5%。目前,我国只有少数企业具有生产 Hi-B 钢的能力,2011 年产量为 28.8 万吨。

冷轧无取向硅钢包括高牌号无取向硅钢和中低牌号无取向硅钢。2011 年,全国冷轧无取向硅钢总产量 560 万吨,其中,高牌号无取向硅钢产量 35 万吨。我国取向硅钢较新日铁落后 1～2 个牌号,高磁感取向硅钢 Hi-B 的产量不足;低铁损高牌号无取向硅钢只有 35W230 和 50W250 可少量生产,尚不能生产 35W210 高牌号产品。此外,我国尚不能生产厚度 0.23 毫米及以下薄规格、低铁损高牌号取向硅钢,只能少量生产 0.27 毫米厚度的取向硅钢;而日本能够大量生产 0.23 毫米厚度的取向硅钢。与新日铁同牌号 Hi-B 相比,宝钢磁感低 0.01～0.03 特斯拉,铁损相当;武钢磁感低 0.01～0.02 特斯拉,铁损高 0.01～0.02 瓦/千克,均落后于新日铁。与新日铁同牌号一般取向硅钢相比,宝钢磁感低 0.01 特斯拉,铁损低 0.01～0.02 瓦/千克,水平相当;武钢磁感高 0.03 特斯拉,铁损低 0.05～0.08 瓦/千克,优于新日铁。此外,我国的取向硅钢在板形、表面质量、厚度精度、性能稳定性及成材率方面与国际水平差距较大。表 2-23 为我国冷轧无取向电工钢产量按地区分布的情况。图 2-20 为我国各地区冷轧无取向电工钢产量同比变化。

表 2-23　我国冷轧无取向电工钢产量按地区分布

地区	省份	详细情况
华北地区	北京、天津、河北、山西、内蒙古	主要冷轧电工钢生产企业有首钢迁钢、太钢和北京希利凯
东北地区	辽宁、吉林、黑龙江	主要冷轧电工钢生产企业有鞍钢、本钢和通钢
华东地区	上海、江苏、浙江、安徽、福建、江西、山东	主要冷轧电工钢生产企业有宝钢、马钢、浙江天洁、浙江华彩、万鼎硅钢、中冶新材、江阴蓝天、华西带钢、新万鑫（福建）、无锡华精、无锡天宇和无锡华特等
华中地区	河南、湖北、湖南	主要冷轧电工钢生产企业有武钢、黄石山力和咸宁泉都带钢
华南地区	广东、广西、海南	主要冷轧电工钢生产企业有广东盈泉、津西金兰和广东顺浦
西南地区	重庆、四川、贵州、云南、西藏	主要冷轧电工钢生产企业有攀钢、四川瑞致和江油丰威
西北地区	陕西、甘肃、青海、宁夏、新疆	该地区暂无冷轧电工钢生产企业

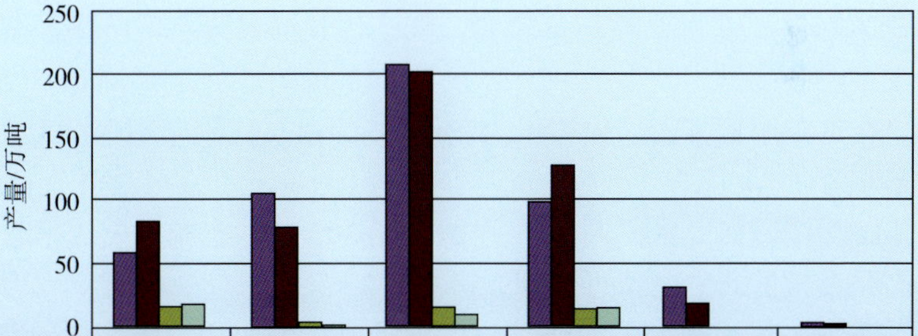

	华北地区	东北地区	华东地区	华中地区	华南地区	西南地区
2011年中低牌号	59.52	106.10	209.70	99.65	31.10	3.45
2012年中低牌号	84.94	80.62	202.64	128.46	19.63	2.24
2011年高牌号	16.87	3.98	15.00	14.89	0	0
2012年高牌号	18.00	2.55	12.00	15.02	0	0

图 2-20　各地区冷轧无取向电工钢产量同比变化

根据中国金属学会电工钢分会的统计，2012年全国共生产电工钢690.05万吨，与2011年相比，减少了22.02万吨，降幅达到3.09%。其中，无取向电工钢产量为566.15万吨，增加5.94万吨，增幅为1.06%；取向电工钢产量为75.90万吨，增加13.99万吨，增幅为22.60%；热轧硅钢产量为48万吨，减少41.50万吨，降幅为46.37%。

近年来我国特殊钢发展迅速，轴承钢、齿轮钢、模具钢、高速钢等产量均居世界第一位。我国汽车、机床、家电等工业使用的精密轴承主要零部件的国产化率已达90%以上，但许多关键的轴承仍需进口，其主要原因是我国生产的关键轴承与日本、美国等先进国家生产的轴承在使用寿命和可靠性方面存在较大的差距，如国外生产的汽车变速箱中的轴承使用寿命最低为 50 万千米，而我国生产的同类轴承寿命在 10 万千米左右，且寿命离散度大、可靠性差。影响轴承寿命的因素，除设计、制造和加工以外，轴承用材料质量的优劣起着至关重要的影响，部分高端轴承发展速度跟不上主机发展速度，其主要原因如下：一是原材料性能不稳定，造成轴承的寿命和可靠性不稳定，难以进入主机市场；二是高端装备发展迅速，各类高端装备的轴承台架试验等现代实验手段投入过大而没有跟上，导致轴承研发进展较慢。据估算，我国每年需高质量轴承钢约 50 万吨，优质轴承钢约 80 万吨。

现代交通用钢包括高速轨道用钢和汽车用钢。高速轨道用钢主要有列车转向架、车轮、掣肘、轴承、弹簧及钢轨用钢。目前我国自主研制的微合金化车轮用钢已成功用于时速 200 千米的列车，时速高于 200 千米的车轮用钢正在研发中；对于高端车轴用钢 S38C，我国正处于工业试验阶段；车辆轴承用钢的高端产品 GCr18Mo 能够立足国内生产；高铁弹簧钢研究已有重大突破，有望实现国产化；我国高铁用钢轨的产能已达到世界第一，质量水平也处于国际先进水平。

在汽车用钢方面，强塑积为 20 兆帕的第一代汽车用钢已全面实现国产化；强塑积在 60 兆帕以上的第二代汽车用钢也在实验室成功开发，并逐步向生产推广，与国际研究水平同步；强塑积在 30～40 兆帕以上的第三代高性能汽车用高强度钢的研发已接近国际先进水平。

海洋工程用钢中的海洋平台用钢主要级别为屈服强度 355 兆帕、420 兆帕和 460 兆帕。目前我国 EH36（屈服强度 355 兆帕）以下平台用钢基本实现国产化，占平台用钢量的 90%，但关键部位所用大厚度、高强度钢材仍依赖进口。随着我国海洋开发的不断发展，对海洋平台用钢的需求也在不断扩大，当前海洋平台用钢年需求总量在 300 万吨以上。鞍钢、南钢生产的中厚板屈服强度达 550 兆帕，武钢、宝钢、沙钢已具备生产屈服强度为 690 兆帕中厚板的能力，但厚度在 100 毫米以上时，产品质量尚不稳定、性能波动较大，导致部分 550 兆帕级以上和确保-60℃以下低温韧性的超高强韧钢板及海洋平台用钢还需进口。

海洋能源设备主要是利用潮汐、海流、波浪及海水温差进行电力能源开发，除了要经受风、浪、流的作用外，还要考虑台风、冰、地震等灾害性环境力的作用，对结构防腐、焊接工艺等提出了更高要求，一般采用高强度 Z 形钢材、大厚度板材和管线钢等。海上风力资源丰富，海上风电场的建设比陆地风电场的建设前景更为广阔，估计 2010～2015 年我国将形成 600 亿千瓦左右的风电设备市场，年用钢量将在 100 万吨以上。海底油气管线设备是指海底油气资源开采后的输送装备，由于海洋环境的恶劣性，海底管线用钢对质量稳定、产品性能提出了比陆地管线更高的要求，普遍要求钢管具有很高的横向强度、纵向强度、高低温止裂韧性、良好的焊接性、抗大应变性能，另外还要求有较高的抗海水腐蚀性能，目前国际上广泛采用 API X42-X80 的高强度管线钢。根据规划，2010～2015 年我国每年需建设原油管线 6 000 千米，其中海底管线所占比重日益增加，如果国家加大对南海油气资源的大规模开发，则需要的海底管线钢数量将进一步大幅度上升。因此，初步预计今后几年我国每年需要 20 万～25 万吨的海底管线钢。

近年来，受我国造船完工量持续上升的拉动，我国船用钢材的产量也急剧攀升，并实现了从大量进口到大量出口的转变，随着船板产能严重过剩，多数钢厂开始积极调整产品结构，高强度船板产量已超过船板总产量的 50%。在海水淡化装备用不锈钢方面，我国目前对高钼含量双相不锈钢的研制开发进度还和国际水平有一定的差距，海水淡化装备的最关键部件用超级奥氏体不锈钢 254SMO、特超级奥氏体不锈钢 654SMO 及特超级双相不锈钢 2707HD 的研制尚处在起步阶段。

由于海洋工程装备是在苛刻的腐蚀性环境条件下使用，对耐低温、耐海水、耐大气腐蚀性及焊接性能要求很高，为了满足潜艇发展需要，我国研制开发了 785 兆帕和更高强度级别潜艇用钢，但是在深海探测和开发装备用耐压壳体高强度高韧钢的研制方面与国外还有较大差距，屈服强度 800 兆帕以上的耐压壳体用钢基本上还不能生产。国内海洋工程用钢主要生产厂家为宝钢、鞍钢、新余、舞钢、南钢、湘钢和济钢等。

近年来，我国有色金属新材料的发展呈现以下特点：一是在有色金属新材料、传统材料改进及材料的产业化生产技术方面都取得了很大进展，为满足我国国防建设、国民经济和高技术产业发展做出了重大贡献。我国研制生产的铝合金新材料性能大幅度提高，部分高强高韧铝合金、铝锂合金、喷射沉积快速凝固铝合金的性能达到国际先进水平，中国铝业公司等企业研制生产的多种高性能铝合金为我国航空航天领域的发展做出了重要贡献；宝钛集团在钛合金材料研制、大规格钛合金材料加工等方面技术水平显著提高，为我国航空航天和国防军工提供了重要的钛合金关键材料。图 2-21 为我国自行研究的新一代高强高韧轻合金材料。二是在一些有色金属新材料及其制备加工领域取得了一批具有国际先进水平的自主知识产权，具备了一定的产业和技术优势。通过引进消化再创新，我国铝加工技术水平已达到国际先进水平，自行实际制造的铝合金连续铸轧机组、引进消化吸收与自主创新相结合的铝合金热轧生产线以及宽幅铝箔、特大工业铝型材生产技术等增强了我国铝合金的产业技术优势；新一代高强高韧高淬透性航空铝合金研究及其工程化制备技术取得突破进展，铝合金大型特种型材及其挤压工模具研究开发取得成功；成功开发了具有我国自主知识产权的铜、带、管拉铸技术以及铜铝复合技术等新材料技术；我国大型钛合金铸锭和锻件研制生产取得明显进展，产品走向国际市场；新型高强高导铜合金、形状记忆合金等材料的研发和产业化技术建设取得显著成效。Cu-Ag、Cu-Sn系铜合金高速列车导线已批量供货，新一代高强高导铜合金材料及其精密线材生产应用技术已取得初步成功；C194、KFC、C7025电子引线框架铜带产业化关键技术研究取得突破，达到万吨级生产规模等。

图 2-21　我国自行研究的新一代高强高韧轻合金材料

自1956年第一炉高温合金试炼成功以来，我国的高温合金从无到有，从仿制到自主创新，耐温性能从低到高，先进工艺得到应用，产品质量不断提高，基本形成了较完善的研发体系，并建立了变形高温合金生产研究基地和以航空工业为主体的铸造高温合金生产基地。但我国高温合金材料在供应上还无法完全满足国内需求，而且除较低端产品和部分军工产品外，国内高端高温合金大部分依赖进口。目前我国高温合金的年生产量在1万吨左右，每年需求在2万吨以上，市场容量超过80亿元，且以每年15%的增长率增长。随着我国航空航天、航海、化工、汽车交通等产业的加速发展，高温合金用量将大幅增长，有报道估计未来10年市场容量将超过1 600亿元。

六、无机非金属材料

以先进陶瓷材料和C/C复合材料等为代表的新型无机非金属结构材料多服役于高温超高温、强烈热震与气流冲刷烧蚀、强腐蚀、高压超高压等大过载、低温与超低温等极端环境中，在航空航天、核能、电子信息、高端装备、石油化工、钢铁和有色金属冶炼、光伏等新能源技术、快速轨道交通等诸多领域不可或缺，已成为衡量一个国家高技术发展水平和未来核心竞争力的重要标志之一。

（一）国外发展现状

现阶段，美国、日本、法国、德国等先进国家的无机非金属结构材料产业发展已达到相当高的水准，国内现有研发能力、技术水平和产品质量与其相比仍有较大的差距。典型的如高纯超细陶瓷粉体、承载-防热-透波多功能一体化陶瓷复合材料及复杂形状构件、高精度大尺寸复杂形状陶瓷导轨构件、薄板薄带连铸陶瓷侧封板、玻璃模造用SiC陶瓷模仁、高热导耐腐蚀热交换器用SiC陶瓷构件、高性能SiC和SiBCN陶瓷纤维、长时间抗氧化耐烧蚀C/C复合材料、高温耐腐蚀C/C异形构件等，国外已经成功开发或进行批量化生产，而国内尚未完全突破相关材料制造或产业化过程中的关键技术，难以获得高可靠性的产品，严重限制了相关领域的发展。此外，国外在材料合成及构件产品制造加工检测等方面已制定了系列化标准及制度，而国内对这些方面的重视程度还不够，与国际先进水平相比仍有较大的差距。

在先进陶瓷材料产业化方面，日本、美国和欧盟做得最好。目前全球先进结构陶瓷材料产业的市场总规模在250亿美元左右，产业规模分布图如图2-22所示。从材料种类来看，技术要求相对较低、工艺稳定性高、生产成本较低、技术成熟度高的氧化铝（Al_2O_3）、氧化锆、堇青石等氧化物陶瓷占据70%以上的市场份额，相比之下，技术要求高、生产成本高、工艺稳定性差、技术成熟度相对较低的氮化硅（Si_3N_4）、SiC、氮化硼（BN）、氮化铝（AlN）等非氧化物陶瓷产业规模相对较小，仅有少数国际知名公司形成了有影响力的产业规模[63]。日本十分重视先进陶瓷材料的应用开发研究，注重大规模生产和采用先进技术，日本陶瓷制造商的研发成果产业化效率居于世界领先水平。因此，日本的陶瓷产业当仁不让，位居全球领先地位，其产品占据全球市场的主导地位。日本有许多世界著名的先进陶瓷企业，如村田制造、京（都陶）瓷、东芝陶瓷、东洋陶瓷（TOTO）、须内制陶、昭和电工、日立、宇部兴产（株）、东洋曹达（株）、川田（株）等。美国先进结构陶瓷在基础研究和工艺技术上处于世界领先地位，但产业化水平和规模屈居世界第二。航空航天等军工领域的巨大需求，是美国先进结构陶瓷工业界发展结构陶瓷和陶瓷基复合材料的主要推手。高温结构陶瓷、陶瓷轴承、生物陶瓷等是美国先进陶瓷发展的重点，目前在航天、汽车、航空器、核能工程、医疗设备和机械动力等方面已进入大范围应用阶段。以 Si₃N₄、SiC、氧化锆陶瓷为主的精密陶瓷制品产量占世界总量的 60% 以上。以德国、意大利、法国为代表的欧盟各国重视开发功能陶瓷与高温结构陶瓷，投资力度不断加大，目前研究的重点为大型装备中应用的新型材料技术，如陶瓷活塞盖、排气管里衬、蜗轮增压转子和燃气轮转子，并在高效率长寿命陶瓷热交换器（德国 SGL 公司、意大利 Italprotech 公司）、长寿命陶瓷薄带连铸用侧封板（德国 ESK 公司）等领域实现突破，垄断着国际市场的主要份额。法国 EADS 空间运输公司自 20 世纪 90 年代初开始，研发采用液相聚合物渗透法制备 C$_f$/SiC 的关键技术，现已实现阿里安 5 芯级发动机火神（Vuicain）和发动机埃斯托斯（Aestus）喷管的产业化。同时，采用该技术生产的小型推力器采用陶瓷基复合材料（ceramic matrix composites，CMC）做结构材料，可使制造成本降低，简化制造方法，提高壁面允许工作温度，从目前的 1 630℃提高到 1 930℃，因而增加了比冲，使发动机质量减轻 30%～50%。该材料体系的产业化有力推动了法国航天技术的发展。SiC 纤维具有优异的抗氧化和抗蠕变性能，并与陶瓷基体有良好的兼容性，是制备高性能陶瓷基复合材料的重要增强体。它广泛应用于航空航天和核工业等领域，是世界各国发展航空航天事业必备的关键材料之一。现可用于 1 400℃的 Hi-NicalonSiC 纤维在日本已商品化，在美国直径为 30 微米的 α-SiC 纤维的室温强度已达 1 600 兆帕，预计可用于 1 600～1 650℃。目前，日本开发的 Nicalon 和 Tyranno 两种品牌的 SiC 纤维占有世界上绝对性的市场份额。

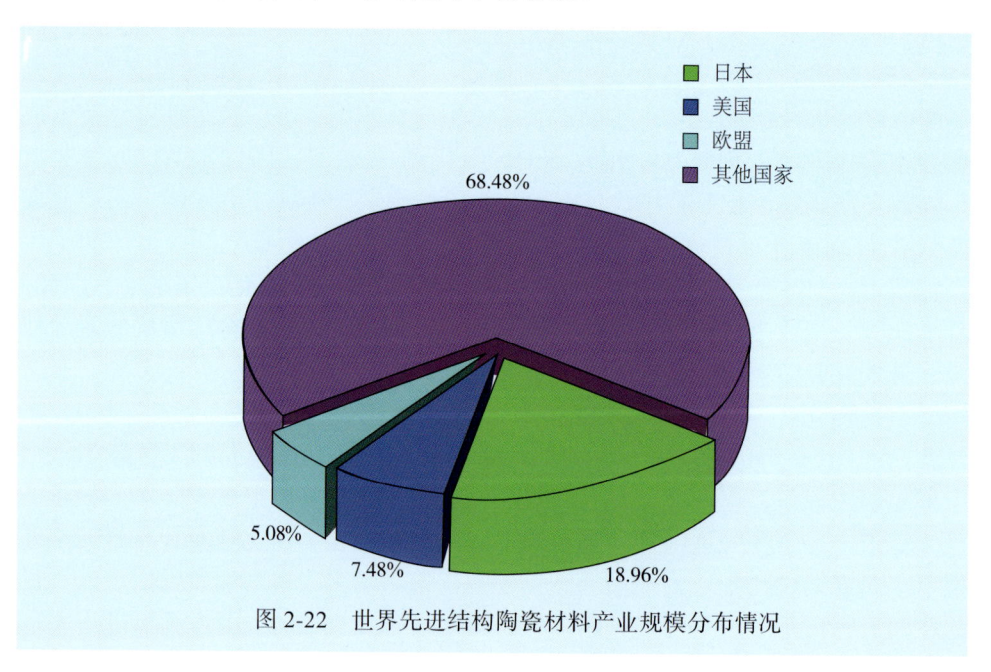

图 2-22　世界先进结构陶瓷材料产业规模分布情况

此外，Si_3N_4、BN、ZrC、ZrB_2 和 MAX 相等新型陶瓷都已在航空航天、电子工业、精密机械等领域获得实际应用。例如，Si_3N_4 陶瓷在陶瓷轴承、天线罩等领域已有应用；BN 可加工陶瓷在航天飞行器高温构件、火箭燃烧室内衬、空天飞行器的热屏蔽、原子反应堆中的中子吸收材料和屏蔽材料等方面已获得应用；1996 年发明的 MAX 相可加工陶瓷也在高温结构部件、电极电刷、化学防腐部件和高温发热件等方向得到应用。美国正在研制能够从常规跑道起飞，可重复使用及可携带 5 400 千克载荷，并在两小时之内对 16 650 千米外的目标实施打击的高超声速飞机。2013 年 5 月 1 日的试验中，该飞行器 X-51A 型号持续飞行了 300 秒，随后在 500 秒左右开始无动力滑行下降，最后坠落在加利福尼亚州西部太平洋试验场的海域中。如果相关数据被确认，将意味着持续吸气式高超声速飞行创造了新纪录。资料显示，该飞行器中采用了超高温陶瓷制备的防热部件。由于上述陶瓷材料的应用多在航空航天、核技术等领域，故有关这些材料的产业化数据统计一直处于保密状态。

在先进结构陶瓷材料产业领域，高纯超细陶瓷粉体原料产业的发展占据举足轻重的地位，日本和欧盟在该领域居国际领先地位。例如，国际上高纯超细 Al_2O_3 粉体的主要供应商是日本大明（Taimei）、日本住友、法国 Baikowski 等，高纯超细 AlN 粉体的主要供应商是日本德山化工（Tokuyama），高纯超细 Si_3N_4 粉体的主要供应商是日本 UBE 和德国 H.C.Starck，高纯超细 SiC 粉体的主要供应商是法国 Saint-Gobain、德国 H.C.Starck 和日本屋久岛电工（Yakushima Denko），高纯超细碳化硼（B_4C）粉体的主要供应商是德国 H.C.Starck（表 2-24）。

表 2-24 国际高纯超细陶瓷粉体原料主要供应商

高纯超细粉体种类	主要供应商
Al_2O_3	日本 Taimei、日本住友、法国 Baikowski 等
AlN	日本 Tokuyama
Si_3N_4	日本 UBE、德国 H.C.Starck
SiC	法国 Saint-Gobain、德国 H.C.Starck、日本 Yakushima Denko
B_4C	德国 H.C.Starck

总之，先进结构陶瓷材料产业方面整体呈现的发展趋势是材料门类越来越多，产品规格更加齐全，构件尺寸越来越大，结构形式越来越复杂，精度、可靠性等性能要求越来越高，应用范围越来越广泛，生产成本因素越来越重要。

C/C 复合材料由碳纤维和碳基体两部分组成，具有低密度（理论最大密度为 2.2 克 / 立方厘米）、高比强、高比模、低热膨胀系数、优良的摩擦特性、耐高温（3 000℃）、耐热冲击、耐烧蚀以及在 2 200℃以内强度和模量随温度升高而增加等优异性能，是优异的结构功能一体化工程材料，并被广泛应用于军事工业和民用工业的各个领域。世界范围内 C/C 复合材料在各个应用领域的消耗比例见图 2-23。

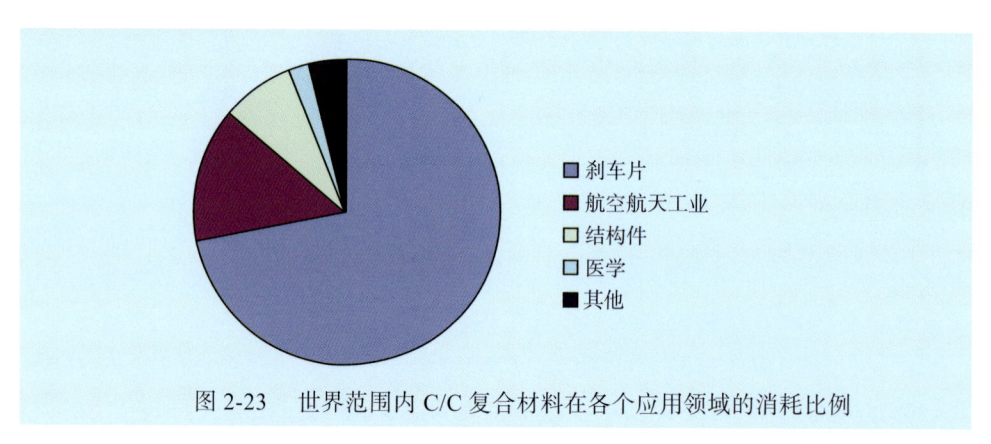

图 2-23　世界范围内 C/C 复合材料在各个应用领域的消耗比例

C/C 复合材料于 1958 年由美国 ChanceVought 航空公司首先研制成功，并迅速引起了全世界的关注，各发达国家纷纷投入这方面的研究，目前主要应用在航空领域、航天领域及其他民用领域[64]。在航空方面，目前主要用于航空制动系统，目前世界上已有 60 多种飞机采用了 C/C 刹车装置，如空中客车公司的所有飞机都采用了 C/C 刹车装置，军用飞机则基本上都采用了 C/C 刹车装置。据报道，包括协和飞机、Super VC10、Bae146、波音 757 和 ACA 战斗机等类型飞机在内的飞机刹车系统，每年约需 350 吨 C/C 复合材料飞机刹车片。国外 C/C 复合材料刹车片的生产能力主要集中在少数几个国家，但各国竞争相当激烈。美国从事 C/C 刹车片生产的公司有 Hitco 公司、联信公司下属的 Bendix 公司、ABS 公司、B.F.Goodrich 公司、碳化硅公司和联合碳化物公司。Hitco 公司从最基本的原材料做起，生产碳纤维、碳毡、碳织物、针刺毡等，是世界上最大的生产制造 C/C 复合材料及 C/C 刹车片的联合企业。Bendix 公司则是世界上第二大生产制造 C/C 复合材料及 C/C 刹车片的公司。ABS 公司的 C/C 刹车片已用于 A320、Fokker 100、F-14、F-16、B-1、"挑战者"式和"海湾Ⅲ型"飞机上。B. F. Goodrich 公司则为 C-5B、B767、B747、A320T、A330、A340 飞机提供 C/C 刹车装置。法国研制生产 C/C 刹车装置的有欧洲动力装置公司、Messier- Bugatti 公司、洛林碳业公司、国营宇航公司（AEROSPATIALE）。SEP 公司是世界上第三大 C/C 复合材料生产厂家，其产品 SEPCARB 已用于幻影 2000、幻影 4000、幻影 F1 等机型。Messier-bugatti

公司是一个跨国性的联合公司，主要为空中客车系列飞机提供 C/C 刹车装置，并承担国家战略防御系统各项任务。英国从事 C/C 刹车材料生产的主要是邓禄普（Dunlop）公司，该公司起步较早，生产的 C/C 刹车片主要采用定向流动热梯度（chemical vapor infiltration，CVI）制备工艺，产品密度能达到 1.8 克/立方厘米左右，产品已用于 B767-300、BAe146、"协和"式、"鹞"式等机种上。德国从事 C/C 刹车材料生产的主要厂家是 SGL Carbon 公司，该公司是一家跨国公司，美国、英国和德国是其主要投资点，而且涉及的产品范围很广，从航空到汽车、能源、化工、半导体都有涉足。日本从事 C/C 刹车材料研制工作的有萱场工业公司、东邦贝斯纶公司和东京工业材料研究所等。另外，俄罗斯的 NIIGRAFIT 研究院以及韩国和印度等国家的相关单位也在从事 C/C 刹车片的试制和生产工作。

在航天领域，C/C 复合材料可广泛应用于固体火箭喷管、载人航天热防护及航空发动机热端部件等军用领域。正交三向（3D）和四向（4D）等不同结构形式的 C/C 复合材料，已成功应用于洲际导弹再入鼻锥和火箭发动机喷管喉衬等关键部位，效果很好，且具有很强的生命力。世界上美国、法国和俄罗斯等大国研究较多，应用也多。美国 MX、SICBM 和三叉戟 II 战略导弹的 1、2、3 级发动机喷管喉衬选用了 3D C/C 复合材料和 3D/4D C/C 复合材料；美国战术导弹助推器喷管喉衬大都选用了 4D C/C 复合材料，该材料在工作过程中，估计其烧蚀外形变化会更均匀些，有利于提高战术导弹的飞行稳定性；美国多种空间卫星推进系统发动机喷管喉衬都采用了 3D C/C 复合材料；美国战略、战术导弹和空间卫星等飞行器系统的关键部位（再入鼻锥、发动机喷管喉衬）所选用的 C/C 复合材料大都为正交 3D C/C、细编穿刺 C/C 和 4D C/C 复合材料，而细编穿刺 C/C 复合材料属于 3D C/C 复合材料之列，4D C/C 复合材料多用于战术导弹发动机喷管喉衬部位。另外，俄罗斯、日本、英国、巴西、印度等都广泛开展了 C/C 复合材料在固体火箭发动机喷管方面的研究和成功应用。此外，导弹、载人飞船、航天飞机等在再入环境时飞行器头部受到强激波，对头部产生很大的压力，其最苛刻部位温度可达 2 760 ℃，所以必须选择能够承受再入环境苛刻条件的材料。美国陆海空三军分别负责研制的战略导弹、反导导弹再入鼻锥均选用了 C/C 复合材料，其结构为正交 3D C/C 复合材料或细编穿刺 C/C 复合材料；美国陆军正在研制的反导天基拦截器，具有高抗粒子侵蚀能力的 C/C 复合材料再入鼻锥。除了导弹的再入鼻锥，C/C 复合材料还可做热防护材料用于航天飞机。

近年来，随着碳纤维原材料及生产制造成本的降低，C/C 复合材料的应用正在由航空航天领域逐渐进入工业领域，并广泛取代其他材料。其典型工业应用如下：①单晶硅炉的衬套、衬板、发热体、隔热屏、导流筒、坩埚等重要热场部件均可采用 C/C 复合材料来代替传统的高纯石墨材料。②由于 C/C 复合材料具有优异的高温机械性能、低的热膨胀系数、良好的抗热冲击性能，故广泛用于高温下承受载荷的零部件及结构材料。③ C/C 材料板材和型材作为该材料的一种结构形式，一般由碳布编织或无纬布针刺编织而成，应用十分广泛。目前市场供应品种的最大尺寸为 1 000 毫米 ×600 毫米，厚度为 1～30 毫米，绝大部分为日本和德国所占有，主要用于生产高温炉内衬、烧结炉工艺衬条、装料构件、支撑栅格、板状发热体及加工各种高温架构件的原材料，市场前景十分广阔。

（二）国内发展现状

我国无机非金属结构材料产业经过几十年特别是近 20 年的发展，取得了巨大的成绩和进步，形成了不断增强的产业体系和规模巨大的竞争力，有力地支撑了我国的工业经济和国防建设。其主要表现在以下方面：技术改造的力度大，投入多，生产设备和基础设施迅速改善；材料品种比较齐全，生产能力和产量已有大幅提升；通过产学研用结合，攻克了若干技术难关，一批新材料新成果获得应用，提升了产品和企业的竞争力。

先进结构陶瓷材料方面，我国用于耐火炉管、室温及高温耐磨部件、研磨介质、坩埚、陶瓷球阀、陶瓷轴承、陶瓷泵体、陶瓷导轨、热交换器、光学构件等的 Al_2O_3 陶瓷、氧化锆陶瓷、石英陶瓷等相关的产品及产业已具有一定的规模，在山东、长三角、江西、广东、京津等地有一批成规模的企业从事相关的产品生产，并具有较强的研发能力。2015 年，预计先进陶瓷产品产值将达到 450 亿元，其中，结构陶瓷预计可达 150 亿元。整体发展水平来看，我国先进结构陶瓷材料在基础研究、技术水平等方面与国外先进水平差距不大，但在产业化方面远落后于发达国家[65]。

在先进结构陶瓷材料的前端高纯超细陶瓷粉体制备方面，我国的生产加工水平还比较落后，尚未取得规模化产业的突破，高端原材料粉体主要依赖于从日本、欧洲等国进口，受制于人。例如，在 Al_2O_3 陶瓷粉体方面，2010 年全球 Al_2O_3 产量为 5 635.50 万吨，我国 Al_2O_3 产量达 2 895.50 万吨，同比增长 20.14%，占全球比重为 51.38%。2010 年我国 Al_2O_3 表观消费量达到了 3 321 万吨，年增长率为 14.05%，净进口 426 万吨，铝土矿进口量达 3 019 万吨，对外依存度为 39.71%，Al_2O_3 对外依存度达 47.26%。而进口的 Al_2O_3 粉末主要为高纯或超细的粉体，其质量较国内同类产品有明显优势。

重大技术突破专栏
新型无机非金属及其制备技术

新型无机非金属结构材料未来发展的重点技术主要包括航空航天与国防领域用承载-防热-透波多功能一体化陶瓷材料及形状复杂薄壁构件制备技术，国家重大高端装备制造业用关键新型结构陶瓷与C/C复合材料及大尺寸构件制备技术，能源、化工、冶金等领域用耐高温、耐腐蚀、耐磨损先进结构陶瓷与C/C复合材料及大尺寸异形构件制备技术，高强度耐高温陶瓷纤维合成制备技术。

在石英陶瓷粉方面，我国是石英储量最为丰富的国家之一，已开采利用石英矿较好的有江苏东海、安徽凤阳、湖北红安、江西修水、内蒙古乌海等地。这些石英矿储量大、品位高、易开采，但目前开采的大多数石英矿均用于生产低档的石英制品，如硅微粉、玻璃、耐火材料、SiC、硅铁、熔融石英、石英玻璃管等。能用于高纯石英砂的矿源很多，但是由于加工处理手段落后，产品不能达到高纯石英砂原料的要求，从而使高品位矿石用做低品位产品，造成了资源的严重浪费。我国是石英玻璃生产和应用大国，但高档石英原料基本依靠进口，据海关统计，2007年我国从美国进口的高纯石英砂有3万多吨，我国石英玻璃行业所用的高纯石英砂原料主要是美国尤尼明公司生产的IOTA石英砂，其标准砂价格目前在国内市场已高达6.5万元/吨，IOTA-4、IOTA-6价格更高。每年从国外进口大量高纯石英砂，价格昂贵不说，石英行业的生命线掌握在国外公司的手里，受制于人，对我国石英玻璃产业及后继产业的发展都极为不利。2007年我国国内石英玻璃制品生产消耗石英原料为12万多吨，绝大部分是中低档产品，其中高档的电光源用石英砂、石英坩埚（多晶、单晶硅）用石英砂、半导体及光纤通信用石英原料还是以进口石英原料为主。

我国在结构陶瓷研制基础和技术方面与国外差距不大，在某些研究方面处于国际先进水平。但在先进结构陶瓷材料的后端结构陶瓷产品研制、高温烧结设备设计制造等方面仍存在较大差距。例如，在结构陶瓷（尤其是复杂形状、高精密、大型结构陶瓷部件）产业化及其工业应用方面仍落后于发达国家。在高温烧结设备设计制造方面，受制于我国机械设备制造业的整体发展水平，我国目前只能生产一些中低端产品，高精密大型高温烧结设备等高端市场基本被德国、美国、日本所垄断。例如，生产Si_3N_4陶瓷常用的气压烧结炉方面，我国能生产的有效热区直径不能超过400毫米，而世界先进的烧结炉有效热区直径可以达到1米以上。尽管在原材料和大尺寸成型设备方面与国际先进水平相比存在差距，但国内在大尺寸先进结构陶瓷构件的产业化方面，SiC热交换器、Al_2O_3陶瓷导轨、SiC密封环等方面已实现技术突破，开始向产业化方向迈进；

光刻机系统用超精密工件台复杂结构陶瓷构件、陶瓷反射镜研制方面也实现了关键技术突破，关键部件已在"极大规模集成电路制造装备及成套工艺"国家重大专项中获得应用。

在 SiC、BN 陶瓷纤维的产业化方面，2013 年 1 月 9 日，由国内某公司承担的"耐高温连续碳化硅（SiC）纤维的产业化"项目顺利通过省国防科学技术工业办公室的科技成果鉴定，实现了聚碳硅烷单釜产量超过 60 千克和连续 SiC 纤维实现单纺位 500 孔连续成丝技术，纤维产品连续长度大于 500 米，抗拉强度 2.3～2.9 吉帕，抗拉模量 170～200 吉帕，纤维的氧质量分数小于等于 12%，基本无毛丝，具有良好的编织性能。产品已成功应用于我国航天、航空等领域，缓解了我国耐高温和抗氧化热结构纤维材料"无米之炊"的状况。此外，在 BN 定长纤维的研制和产业化方面也取得了长足进步。但国产的 SiC 和 BN 纤维的性能与国外相比还有较大差距，同时稳定性方面也需提高。

在先进结构陶瓷材料的国防应用领域方面，我国多年来一直从事无机非金属材料在国防应用领域的研究和生产工作。在 C_f/SiC 发动机部件、SiC 空间反射镜、Si_3N_4、SiO_2 和 BN 基陶瓷天线罩、ZrB_2 等超高温陶瓷及 C_f/UHTC 防热构件等领域均取得了技术突破，并初步满足了我国重点国防及航天工程型号的急需。

C/C 复合材料方面，我国自 20 世纪 70 年代初开展 C/C 复合材料研究，至今已近 40 年，并取得显著进展。攻克了高性能 C/C 复合材料航空制动材料制备方法、工艺装备、性能测试与评价等一系列技术难题，创立材料性能测试和评价方法，建立了我国 C/C 航空制动材料地面试验装置及规范和试飞标准，构建了我国自己的高性能 C/C 复合材料制备工业技术平台。已研制出了多种型号飞机制动系统用 C/C 刹车片样件，并在 A320、B737 系列民航飞机以及某型号军用飞机上取得了试飞成功，取得了中国民航总局颁发的碳刹车片适航证，这对于打破国外对我国航空碳刹车片市场的垄断、满足国内航空公司对碳刹车片的需求具有决定性意义。

在航天领域，我国研制的低烧蚀率 C/C 复合材料已成功应用于航天火箭发动机的特殊和关键部件，显著提升了航天火箭的推进系统水平和综合性能，在航天火箭固体发动机上得到批量应用。应该说，在此领域，我国已具有国际水平。在 C/C 喉衬的研制上，自主生产的航天发动机喷管用 C/C 复合材料产品通过了地面点火试车，达到了设计技术条件要求，其中，多个型号 C/C 复合材料产品已定型并转入批量生产，数十个新型号喷管用 C/C 复合材料产品处在开发阶段，航天 C/C 复合材料产业化工作进入良性循环阶段，已成为国内航天用 C/C 复合材料的重要研制、生产基地。

在航空发动机领域，我国也欲选 C/C 复合材料来制造矢量喷管的关键件，如密封片、调节片和内锥体等。无论在高温还是在低密度方面，C/C 复合材料的优势都是其他材料无法代替的，其对减重、节油、增大推重比使飞行增大半径、航程、提高飞机性能方面均具有巨大的作用。目前国内正在开展 C/C 复合材料在航空发动机上应用的研究工作，北京航空航天大学对抗氧化 C/C 复合材料进行了系统研究，研制的防氧化涂层已达到工程应用阶段。西北工业大学也已制备了叶片样件、多向编织微型发动机尾喷管、高温保护套管等零件的部分样件和试车件。不过，要使这种材料达到实用，还需重点解决 C/C 复合材料在 1 800℃ 以上高温的长时间氧化防护等关键问题。

七、高分子及复合材料

高分子及复合材料以其高比强度、质轻、耐温、耐腐蚀、绝热、绝缘等特点，成为国家经济社会与国防工业发展中不可或缺的关键材料。本章所述的高分子及复合材料主要涉及塑料、高性能树脂基结构复合材料、结构复合材料及结构功能复合材料等领域。

（一）国外发展现状

通用塑料主要包括聚乙烯（PE）、聚丙烯（PP）、PVC、聚苯乙烯（PS）和 ABS 树脂五大种类。2011 年世界经济的缓慢复苏对通用塑料的需求也有了复苏性增长，总年产量 3 亿吨左右，年增长率为 4%～5%，品种规格形成体系，产业实现规模化，尤其是 PE、PP 的产能不断扩大，各种专用料品种、牌号不断增多[66]。目前国外各大公司仍不断通过开发新的合成技术、复合改性技术等，以降低其原材料消耗、提高使用性能和环境友好性。使用新的茂金属催化体系使聚烯烃的产品性能得到明显提升；通过合金化、复合化技术，通用塑料的综合性能接近塑料，并已在汽车领域开始替代通用塑料，如玻璃纤维增强 PP 复合材料由于价格低、质量轻、降噪性能好已取代了尼龙（PA）复合材料应用于汽车进气歧管；流动性更好的 PP 共聚物替代了通用塑料 PC/ABS 共混物用于汽车内饰门板[67, 68]；采用生物材料增强、复合等提高塑料降解性，以应对日益突出的环境问题。生物纤维增强 PP 复合材料的加工性能和力学性能大大提高，同样已在汽车、建筑等领域应用①。

---

① 方明霞，全炜倬. 具有天然纤维复合材料车身的汽车振动特性研究. 玻璃钢/复合材料，2009，(5)：72～77；http://www.ptonline.com/products/materials-starch-recycled-pp-high-green-content；http://www.ptonline.com/products/materials-pp-compounds-with-bio-fibers.

塑料方面有通用塑料和高性能塑料。高性能塑料的力学性能和耐热性能均优于通用塑料，拉伸强度在 60 兆帕左右，可在 120℃以下长期使用，主要包括 PA、PC、聚苯醚（PPO）、聚酯（PBT、PET）、聚甲醛（POM），其中，PA 和 PC 占通用塑料总量的 60%以上，目前年消费量达到了 1 000 万吨，并以平均每年 4.6%的速度递增，需求的增速与 GDP 增速基本保持一致。2011 年通用塑料的消费结构如图 2-24 所示，电子电气领域的消费比例最高，占 31.03%，汽车工业的需求量占 13.7%，建材、机械的消费量各占 12%左右。

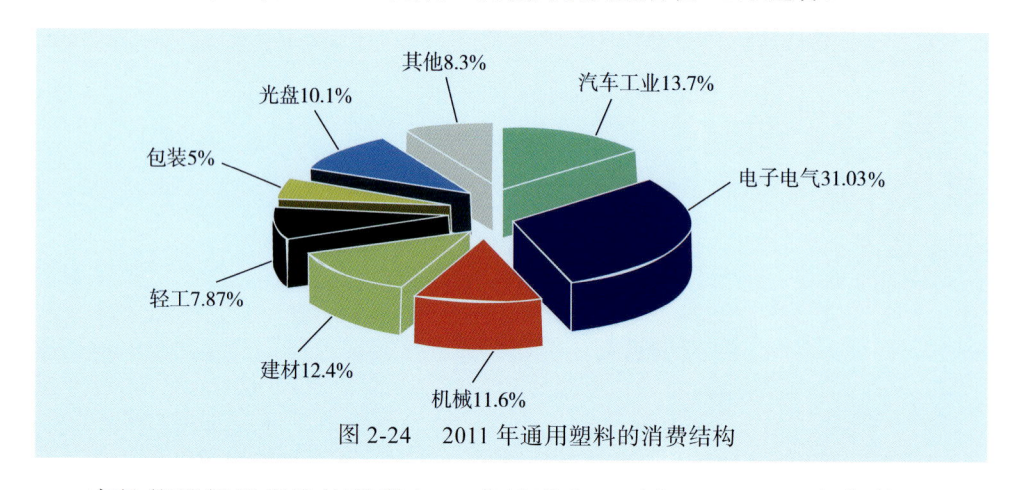

图 2-24　2011 年通用塑料的消费结构

高性能塑料是指拉伸强度在 70 兆帕以上，可在 150℃以上长期使用的一类塑料，它具有优异的耐热性、耐化学和耐辐照性能、耐高温绝缘性能和力学性能，使用温度明显高于通用塑料。生产主要集中在欧盟、美国、日本等发达国家和地区，已工业化的高性能塑料主要包括聚芳醚、聚芳酰胺、聚酰亚胺（PI）、聚芳酯、耐高温液晶聚合物（LCP）等。目前国际上应用面最广的高性能塑料是聚芳醚类，主要包括聚醚砜（PES）、聚砜（PSF）、聚苯硫醚（PPS）、聚醚酰亚胺（PEI）、聚醚醚酮（PEEK）等，其使用温度均在 240℃以下。当使用温度超过其玻璃化转变温度（Tg）后，高性能塑料的力学性能将大幅度下降。PPS 全球生产能力 9 万吨/年，产量约为 7 万吨/年，需求以年均 20%的速度递增。PSF 树脂刚性和韧性好，耐高低温，耐热氧化，可在 150℃以下长期使用，抗蠕变性能优良，耐无机酸、碱、盐溶液的腐蚀，耐离子辐射，无毒，绝缘性和自熄性好，易成型加工。目前世界上主要的 PSF 生产企业有英国的 BP 公司、BASF 公司、ICI 公司和俄罗斯的谢符钦克工厂。PES 可溶解，易成型加工，是目前世界上销售量最高的高性能树脂。Solvay 公司是世界上最大的 PES 生产供应商，2011 年与 PES 相关的产品销售额达 36.86 亿欧元。Solvay 公司将在南美扩大生产 PES，其设计年产量为目前年产量的 3 倍。BASF 公司也生产 PES Ultrason® 系列产品，主要包括 PSU、PESU 和 PPSU 3

个牌号[69]。PEEK 属于一种半结晶高性能塑料，具有强度高、耐腐蚀、抗辐射、电性能优异、阻燃、可适合各种加工工艺等优异的综合性能。PI 目前仅有赢创、Dupont、宇部兴产、钟渊化学和 SKC 等少数几家公司能够生产。PI 耐水解性能相对较差，因此，在耐湿热领域的应用受到限制。PEI 具有优异的综合性能，SABIC 公司购买了美国 GE 公司的 PEI 生产许可权，并已将 PEI 大量开发应用于商用飞机的座椅等舱内部件。除了上述结构高性能塑料外，Celanese 公司研发的聚苯并咪唑（PBI）、Solvay 公司研发的聚对苯撑（PPP）均具有优异的耐热性和力学性能，其综合性能明显超过 PEEK 和 PI 树脂。

高性能聚合物的性能对比见表 2-25。

表 2-25　高性能聚合物的性能对比

聚合物	生产公司及牌号	E/吉帕	σ_b/兆帕	ε_b/%	α nl（焦/米）	ρ/(克/立方厘米)
PBI	PBI performance prod. Celazoe U60 SD	5.86	159	3	28	1.301
PPP	Solvay adv. PolymersPrimo Spire PR 120	8.30	207	5	43	1.210
PEEK	Victrex PEEK 450 G	3.55	100	34	54	1.301
PI2	Dupont（Vespel）ST 2002（2% Gr）	2.95	80	7.6	46	1.401
PI10	Dupont（Vespel）ST 2010（10% Gr）	2.76	61	8.5	53	1.427

注：E=弹性模量；σ_b=强度；ε_b=断裂应变；α nl=缺口冲击能；ρ=密度

重大技术突破专栏

高性能纤维及耐高温高韧性复合材料技术

高性能纤维及耐高温高韧性复合材料产业发展对提高产品性能、降低能耗、减少污染、节约资源有着重要作用。需要加大自主创新力度，追赶国外先进水平，大幅提升产品质量，开拓国际市场，带动上、下游产业发展，增加大量就业机会。要以技术相对成熟的碳纤维、对位芳纶、超高分子量 PE 纤维为重点，带动耐热等级和强度更高的 PBI、聚苯并双噁唑（PBO）等其他高性能纤维共同发展，着重解决重要单体合成、原丝树脂聚合、纺丝、回收循环利用等关键技术。研制长期使用温度 250℃以上、冲击后压缩强度（CAI）大于 315 兆帕的高韧性耐高温 PI 复合材料，长期耐温 450℃以上的有机无机杂化树脂基复合材料，以及高性能热塑性树脂基复合材料，满足高超音速飞机、航空发动机和高机动车辆发动机等发展需求。

高性能碳纤维和芳纶已实现系列化、低成本化和产业化，产量达数万吨规模，日本和美国共同控制着核心技术。碳纤维包括聚丙烯腈基、沥青基和粘胶基三种材料体系，其中，聚丙烯腈基碳纤维是应用最广、用量最大的一类高性能碳纤维。日本和美国在该领域遥遥领先，日本东丽（Toray）公司已先后形成高强（T）、高模（M）和高强高模（MJ）三个产品系列，美国赫氏（Hexcel）公司也发展了 AS 和 IM 系列产品。2011 年，日本 Toray、Toho、三菱人造丝（Mitsubishi Rayon）以及美国 Hexcel、阿莫科（Amoco）、Zoltek 6 家公司的碳纤维总产量超过 3 万吨，在全世界总产量和总市场占比中分别超过 80% 和 85%。在碳纤维高性能化的同时，各碳纤维公司纷纷发展大丝束碳纤维，以降低碳纤维和碳纤维预浸料的制造成本。美国 Zoltek 公司是世界上首先研制、开发并生产廉价、高性能大丝束碳纤维的公司。除在大型民机等高端航空领域之外，目前 Zoltek 大丝束碳纤维在其他民用工业领域得到了大规模应用。Toray 公司、Hexcel 公司等也非常重视高性能碳纤维的低成本化，Toray 公司在原有 T700-12K 和 T800-12K 碳纤维的基础上，进一步发展了 T700-24K 和 T800-24K 碳纤维，并在 Boeing787 大型客机上大量使用。芳纶主要包括间位芳纶和对位芳纶。美国 Dupont 公司在全球率先实现了间位芳纶和对位芳纶大规模工业化生产，其生产能力分别为 2 万吨 / 年和 3 万吨 / 年，占全球总产能的 75% 和 50%，形成了 Nomex、Kevlar 等商品系列，Kevlar 系列芳纶纤维的相关性能见表 2-26。日本的帝人、尤尼奇卡以及荷兰的阿克苏公司也先后建立芳纶工业化生产能力，产能仅次于美国 Dupont 公司。韩国、俄罗斯和德国也正在大力开展对位芳纶产业化能力建设，但目前总年产能少于 5 千吨。此外，各种功能性的芳纶产品也相继被开发出来，如日本帝人公司开发了性能稳定的芳酰胺纳米纤维非织造布，在 300℃高温下仍能维持耐热和尺寸稳定性，耐氧化性优，适用于锂离子电池隔膜，2014 年开始产业化。国际上 PBO、PIPD（即 2，5- 二羟基 -1，4- 苯撑吡啶并二咪唑）纤维等高性能有机纤维制备技术逐渐成熟，目前日本东洋纺（Toyobo）公司是唯一可以进行 PBO 纤维商业化生产的企业，产量达到 400 吨 / 年，主要作为军品仅向欧美销售。

表 2-26 美国 Dupont 公司 Kevlar 系列芳纶纤维的相关性能

指标	Kevlar29	Kevlar49	Kevlar129	Kevlar149
拉伸强度 / 兆帕	2 900	2 900	3 400	2 300
拉伸模量 / 吉帕	70	135	99	143
伸长率 /%	3.6	2.8	3.3	1.5
密度 /（克 / 立方厘米）	1.43	1.45	1.45	1.47
饱和吸湿率 /%	4.5	4.3	4.3	1.2

在树脂基体材料方面，随着制备技术的不断创新，高韧性复合材料得到了广泛的应用[70, 71]。环氧树脂、双马树脂是结构树脂基复合材料最常用的树脂基体，氰酸酯树脂在结构功能一体化复合材料上也有应用。Toray 公司研发的 3900-2 环氧树脂基体，其预浸料能同时满足手工铺叠、自动铺带和铺丝工艺的要求，目前 3900-2/T800 复合材料已经大量应用于 B787 大型客机的机翼机身等主承力结构。经过多年的发展，树脂基结构复合材料经历了标准韧性、中等韧性、高韧性和超高韧性树脂基体的发展过程，目前超高韧性树脂基复合材料的 CAI 已经达到 315 兆帕以上。低成本液体成型复合材料形成了系列化的 RTM（即树脂传递模型）树脂体系。国外已经形成了系列化的双马树脂体系，如 5245C、5250-2、5250-3、5250-4、5260、5270-1、F650、F652、F655、M65、XU292 和 V391 等。同时，为满足低成本 RTM 工艺的要求，发展了 RTM 双马树脂，包括 Cytec 公司的 CYCOM 5250-4RTM 和 CYCOM 5270-1 RTM（长期使用温度 232℃），以及 Hexcel 公司的 RTM650、RTM651 双马 RTM 树脂体系。美国四代机 F-22 复合材料用量为其结构重量的 24%，其中，70% 为双马树脂基复合材料（5250-4）。PI 复合材料在高温下具有优异的综合性能，包括第一代 PI 树脂 PMR-15（耐温 300℃），以及后来相继研发的第二代（耐温 350℃）、第三代（耐温 370～426℃）和第四代（耐温 426～500℃）PI 树脂。为了降低 PI 复合材料的制造成本，克服 PMR 型 PI 复合材料的抗冲击性能差等缺点，美国航空航天局研究了可 RTM 工艺成型的苯乙炔苯酐（4-PEPA）封端 PI 树脂基体（PETI-298、PETI-330、PETI-375），其工艺性能好，具有较高的耐热性和良好的力学性能。国外部分高性能环氧、双马和 PI 复合材料性能见表 2-27。

表 2-27　国外部分高性能环氧、双马和 PI 复合材料性能

	材料牌号	拉伸强度/兆帕	拉伸模量/吉帕	剪切强度/兆帕	使用温度/℃	CAI/兆帕	典型应用
环氧复合材料	977-3/IM7	2 510	162	125	130	220	进气道、机身、机翼
	8552/AS4	2 100	140	115	120	230	直升机机体结构
双马复合材料	5250-4/IM7	2 618	162	139	177	248	机身、机翼、垂尾
	5260/IM7	2 690	165	159	177	380	机翼、垂尾
PI 复合材料	PMR-15/IM7	2 458	144	104	316	180	发动机外涵机匣
	AFR-700/IM7	2 625	155	131	370	160	发动机叶片

在树脂基复合材料的制备工艺方面，自动化、数字化、整体化和低成本制

造化技术的突破大大提高了制造效率。目前热压罐成型工艺是高性能预浸料复合材料的主要成型方法，通过采用预浸料自动裁切和激光定位辅助铺层技术，基本实现了制造过程自动化、数字化。在大型复杂整体复合材料构件制造过程中还广泛采用自动铺带、自动铺丝和预浸料拉挤工艺等自动化技术，提高了成品率和制备效率。复合材料液体成型工艺是继热压罐成型工艺之后开发最成功的复合材料低成本成型工艺，在工程应用中的液态成型工艺主要有RTM、真空辅助树脂浸渗成型工艺（VARI）和树脂膜渗透成型工艺（RFI）等[72]。

在轻质高强结构/透波一体化树脂基功能复合材料研究方面，发展了以高强玻璃纤维、石英纤维和Kevlar芳纶作为增强材料，以环氧、氰酸酯和双马为树脂基体的轻质高强结构/透波一体化功能复合材料体系，建立了完整的结构/透波一体化功能复合材料力学性能和透波性能数据库，所制备的天线罩性能具有较高的雷达波透过率，在各种飞行器、地面通讯站、舰船、车辆等方面广泛应用。在结构/吸波一体化功能复合材料研究方面，已经形成了层合结构和夹层结构两大类结构吸波功能复合材料，长期使用温度达到170℃，在四代隐身飞机F-22等各种新型装备中得到广泛的应用，明显提高了武器装备的生存能力。针对军用船舶的减振降噪和轻量化要求，开展了系列声隐身复合材料及其应用技术研究，初步形成结构阻尼、结构透声、结构吸声、结构隔声等声隐身复合材料。声隐身复合材料已在潜艇指挥室围壳、上层建筑和泵喷导管等方面大量应用。

在结构抗弹一体化树脂基功能复合材料方面，技术趋于成熟，已经开始得到应用。美国、英国等自20世纪90年代至今一直积极开展兼具抗弹/结构和抗弹/结构/隐身功能的结构装甲复合材料的研究与应用工作，到目前已经发展了三代抗弹/结构装甲复合材料。

抗弹/结构和抗弹/结构/隐身功能的结构装甲复合材料的进一步发展主要包括以下四个方面：一是利用碳纤维及混杂纤维技术的抗弹/结构装甲复合材料，进一步提高抗弹/结构装甲复合材料的模量和比防护效能；二是发展低黏度、高性能的树脂基体，以提高RTM成型的工艺效率和满足车体、炮塔等大尺寸复合材料装甲构件制造的要求；三是采用抗毁伤、高渗透性新型织物技术，包括2D多轴向无褶皱织物和带有Z向纤维的准3D及3D新型特种织物3WEAVE®（美国3TEX公司），显著提高复合材料的抗冲击损伤能力和制造效率；四是研发以增强纤维为载体的新型多功能吸收剂，进一步提高抗弹/结构/隐身功能的结构装甲复合材料的宽频吸收性能。

结构防热树脂基功能复合材料以酚醛体系为中心，使用功能得到快速拓展。树脂基结构防热功能复合材料均以抗烧蚀性能良好的酚醛体系作为防热复合材料的首选树脂基体，先后发展了手糊、预浸料模压和缠绕三类工艺，以及高硅氧/酚醛、碳/酚醛和先进碳/酚醛三代材料，基本实现了树脂基防热功能复合材料低烧蚀速率（线烧蚀速率≤0.4 毫米/秒）和烧蚀形貌控制，满足了高性能再入飞行器、行星探测器和高性能固体发动机等航天器件的热防护需求。酚醛树脂基复合材料在满足防热材料应用的同时，以其优异的阻燃特性迅速向航空、船舶、电子和交通运输等行业扩散。

（二）国内发展现状

在塑料方面，2011 年我国 PE、PP、PS、PVC、ABS 五大通用塑料产量为 3 698.11 万吨，比 2010 年增长 5.41%，自给率为 64.79%，产品逐步向高端迈进，已初步形成完整的通用塑料产业链。我国是全球塑料需求增长最快的国家，1998～2005 年消费增长幅度为 26.6%，2006 年以后的消费量增长也接近 20%，2013 年的年需求量将近 300 万吨，用量仅次于美国，居世界第二位，但自给率仅为三分之一，国内对不同塑料的年需求量情况见图 2-25。我国在高性能塑料方面掌握了相关的合成生产技术，是 PPS、PSF 和 PEEK 的重要生产国。PPS 树脂方面已建立了年产 1.2 万吨的 PPS 树脂生产装置，并计划再建一套 2 万吨的树脂生产线。目前国内 PPS 进口量在 5 万吨左右，占全球消费量的 27%，是国内进口最多的高性能塑料品种。PSF 树脂在国内多家公司均有生产，建成并生产和研发 PSF、PES 及 PSF 合金等，包括注塑级、挤出级、玻璃纤维增强级等 PSF 产品。国产 PEEK 树脂方面，已建设了年产能达 1 200 吨的生产装置，并于 2011 年开始批量生产。与树脂生产技术的研发进展相比，国内 PEEK 树脂的制品开发则十分滞后，目前主要应用在气体压缩机阀片、磁力泵用各种零部件和深井采油机械零部件上。在热塑性 PI 方面，自主研发的氯代苯酐合成二酐单体制备 PI 的路线得到实际应用，突破了国外在 PI 合成领域的垄断。自主开发杂萘联苯结构聚芳醚砜、聚芳醚酮、聚芳醚砜酮（PPESK）和聚芳醚腈砜系列高性能塑料，该系列产品兼具耐高温可溶解的性能优势，可通过注塑、挤出、模压和溶液铺膜等多种方式加工成型，可应用于制备复合材料、绝缘材料、耐高温高效分离膜、燃料电池用质子交换膜和漆包线等领域。杂萘联苯结构聚芳醚树脂具有低成本、高性能的优势，高温力学性能保持率显著高于 PEEK 树脂（表 2-28）。与 PI 相比，PPESK 具有价格低、耐湿热性能好的优势。但总体来看，高性能产品依赖进口，高性能塑料产业化进程缓慢。

图 2-25　国内对不同塑料的年需求量情况

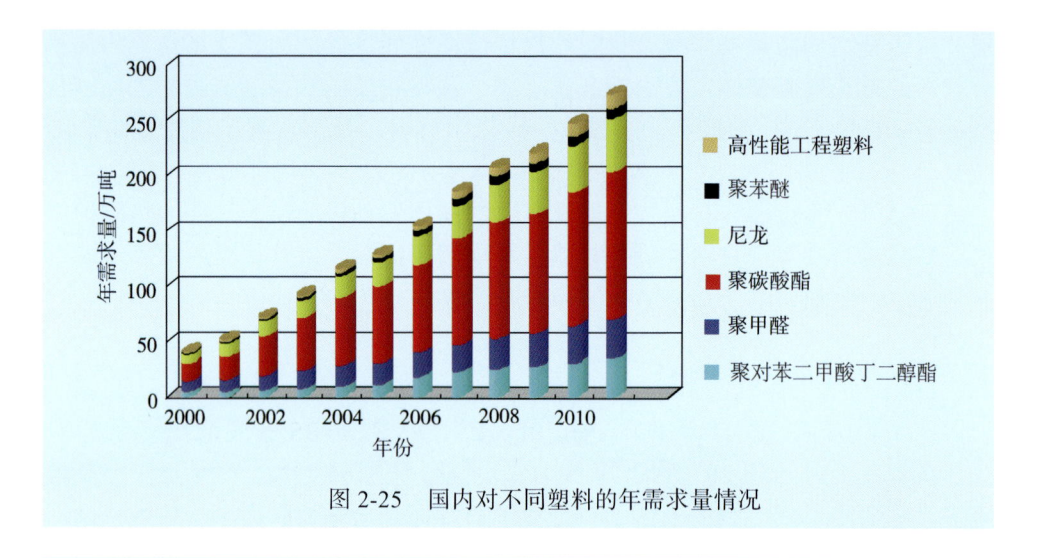

表 2-28　PPESK 与 PEEK 和 PEEK-C 树脂的性能对比

性能	单位	PPESK	PEEK（450G）	PEEK-C
玻璃化转化温度	℃	263～305	143（T_m=334)	231
氮气中 5% 失重温度	℃	>500	>500	<500
拉伸强度	兆帕	90～122	93	102
拉伸模量	吉帕	2.41～3.5	3.6	2.43
断裂伸长率	%	6.0～11	50	6
弯曲强度	兆帕	153～172	170	132
弯曲模量	吉帕	2.85～3.28	3.32	2.74
体电阻	10^{16} 欧·厘米	2.8～4.38	4.90	—
密度	克/立方厘米	1.31～1.34	1.32	1.31
溶解性	室温	非质子极性溶液	浓硫酸	非质子极性溶液

碳纤维方面，从"十五"以来，国内多个碳纤维研究项目和千吨生产线纷纷启动。2011 年规划的产能接近 80 000 吨，实际产量在 2 000 吨左右。T300 级碳纤维性能达到国外同类碳纤维的水平，已实现稳定生产并在航空、航天装备上实现应用，由于成本控制技术的缺失，T300 级碳纤维的价格偏高；T700 级碳纤维性能达到要求，工程化制备关键技术得到突破，已开始在航空航天装备应用上的考核验证；T800 级碳纤维制备关键技术已基本突破，获得了性能达到要求的 T800 级碳纤维样品，需进一步突破 T800 级碳纤维工程化和批量生产技术。高模量 M 系列碳纤维的研发工作已经展开，其中，M40 碳纤维实现了小

批量供应。芳纶方面，间位芳纶的产能已达到万吨/年，产品性能稳定。对位芳纶千吨级生产线近期建成投产，产品性能及稳定性需要验证，与芳纶制造技术相比，国产芳纶的应用技术发展相对滞后，在一定程度上影响了国产芳纶行业的可持续发展和健康发展。国内开发了高模量 F-3 芳纶纤维，建成了年产 20 吨生产线并稳定生产，满足了国防领域对 F-3 芳纶纤维的需求。除了碳纤维、芳纶纤维外，我国在其他品种高性能纤维方面也有了一定的发展。2011 年，中国科学院长春应用化学研究所在 PI 纤维研究及工业化方面取得突破，建成了国内首条 300 吨/年可连续生产 PI 短纤维的生产线，该耐热型 PI 纺制技术已在长春高崎聚酰亚胺材料有限公司试车成功，但产品性能和稳定性还有待应用验证。

  通过多年的发展，我国建立了以环氧、双马和 PI 为主的复合材料树脂体系，掌握了系列增韧技术，复合材料韧性达到国际三代高韧性复合材料水平，使用温度达到 350℃以上，但受制于国内碳纤维性能的限制，复合材料性能有待进一步提升，且高韧性环氧、高韧性双马来酰亚胺复合材料等尚未在大型飞机和歼击机上得到批量应用，缺乏实际应用的考核和经验积累，材料成熟度低。我国不同树脂基复合材料的抗冲击后压缩性能见图 2-26。可研制和小批量生产碳纤维、玻璃纤维和芳纶增强高性能酚醛、环氧、双马和 PI 等多种复合材料，基本满足了航空、航天、兵器、能源和交通运输领域的需求。树脂基结构复合材料实现主结构应用，技术开始向能源、轨道交通、建筑及基础设施等领域快速渗透，产业迅速扩张。

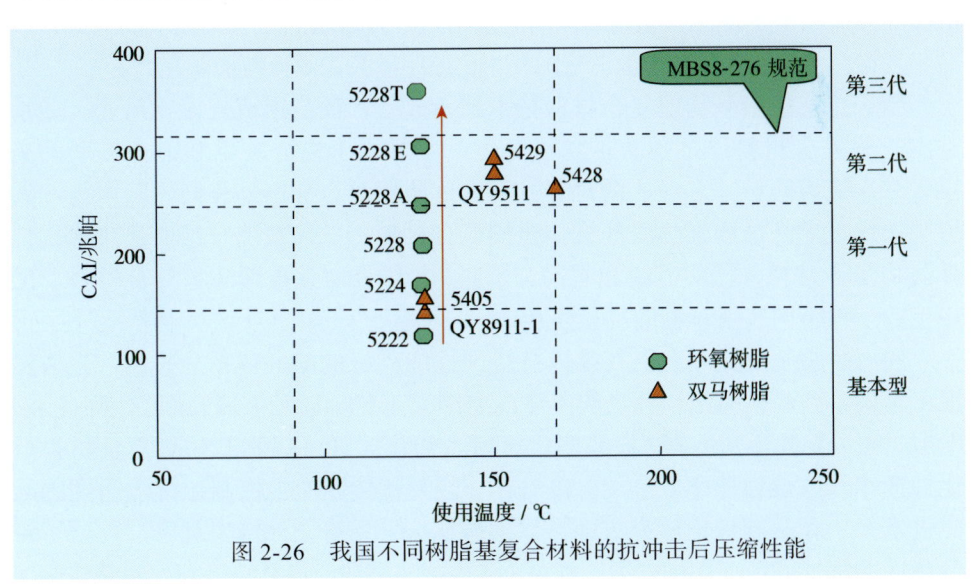

图 2-26 我国不同树脂基复合材料的抗冲击后压缩性能

重大技术突破专栏

新型树脂基结构/透波（吸波）功能和智能复合材料技术

武器装备的电子对抗能力和战场生存能力强烈依赖于新型树脂基结构/透波（吸波）功能和智能复合材料技术的支撑，因此，发展新型树脂基结构/透波（吸波）功能和智能复合材料，可以有效解决综合作战效能、生存能力与机动性能之间的矛盾，促进武器装备实现轻量化、高机动、高生存力的"跨越式"发展。要突破结构多频透波、宽频吸波和耐30瓦/平方厘米大功率密度结构透波复合材料技术，以及自感应、自适应、自诊断、自修复、主动振动控制等智能复合材料技术，以新型结构/透波（吸波）功能和智能复合材料技术支撑飞行器、弹箭武器、地面装备等电子对抗的发展和结构设计的革命性变化。

国内研制的高强玻璃纤维和石英纤维增强结构透波复合材料得到大量应用，基本满足武器装备的需求，需要进一步提高结构透波复合材料耐功率密度。研制的碳纤维和Kevlar纤维混杂增强层合结构吸波复合材料，在8～18吉赫兹的反射率≤－10分倍，并且具有较高的力学性能；研制的A夹层结构吸波复合材料和C夹层结构吸波复合材料，在2～18吉赫兹频率范围内均具有优异的吸波性能，支撑了新一代隐身飞机的研制。结构吸波复合材料需要进一步提高低频吸波性能、使用温度和力学性能，因此，必须引入新的吸波机制，发展耐高温树脂基体和使用性能更高的增强材料。结构透声复合材料已初步形成三代材料体系，并在多型潜艇的导流罩上实现工程应用。但国内结构透声复合材料主要采用手糊成型，成型工艺相对落后，总体技术水平与国外相比差距巨大，亟待开展研究。

结构抗弹树脂基功能复合材料技术趋于成熟，逐步形成规模化产业。非承载型抗弹复合材料以抗弹防护功能为主，主要用于复合装甲和附加装甲的夹层、二次效应防护（多功能内衬等）及人体防护等。和国外相同，国内已经发展了一代玻璃纤维增强热固性抗弹防护复合材料、二代玻璃纤维增强热塑性抗弹防护复合材料、三代芳纶和超高分子量PE纤维增强抗弹防护复合材料，已用于数十种不同装甲车辆的批量生产。

国内树脂基防热复合材料也以抗烧蚀性能良好的酚醛体系为主体，先后发展了手糊、预浸料模压、缠绕和液体成型四类工艺，以及玻璃/酚醛、高硅氧/酚醛、碳/酚醛和先进碳/酚醛四代材料，初步实现了树脂基防热复合材料低烧蚀速率（线烧蚀速率0.3～0.35毫米/秒）和烧蚀形貌控制，技术达到国际先进水平。在基础理论研究方面，以编织碳/酚醛复合材料为对象，揭示了跨升华区的烧蚀剥蚀存在微剥蚀、丝束/结构单元剥蚀、局部缺陷剥蚀和整体剥蚀等多种机制，及其与树脂基体、界面作用和织物结构之间的关联规律，掌握了剥蚀控制技术。在成型工艺和材料种类方面，创新性地将多向编织物和 RTM 工艺相结合，首次实现了酚醛防热复合材料液体成型并在多型号上得到推广应用。

发展了聚芳炔和聚硅芳炔等高残碳耐烧蚀树脂及其复合材料，率先实现了该类材料在航天型号上的工程化推广应用，在载人航天和深空探测等发展计划的推动下，我国中低密度树脂基防热复合材料技术也具备了一定水平，所研制的 H88 和 H96 型蜂窝增强低密度树脂基防热复合材料在载人返回舱上实现成功应用。但总体来说，我国中低密度树脂基防热复合材料的技术水平与国际相比还有较大差距。

八、材料基因组工程

材料基因组工程的基本理念及科学目标在于变革材料传统研发模式及思维方式，实现快速、低耗、创新发展新材料。材料基因组科学内涵以多学科交叉、多尺度跨层次算法发展、多软件集成及第一性原理计算为科学基础。材料基因组的核心关键问题为建立和实行高通量自动流程计算与高通量材料组合设计实验及材料设计数据库相融合相协同运作。通过建模与计算，实现对材料成分设计、结构预测、加工制备以及服役行为和过程的定量表述，揭示材料化学因素和结构因素与材料性能和功能之间的相关机制和内在规律，为创新材料、实现按需设计材料提供科学基础；同时结合国家重大需求建立高通量计算中心、高通量组合材料设计实验中心及材料性能数据库中心，以及材料合成、高通量表征测试平台，形成优化材料设计、合成、性能检测、性能改进等全新的先进材料研发体系，缩短研发周期，加快新型材料发展与应用。

（一）国外发展现状

20 世纪 90 年代以来，基于计算材料物理与量子化学方法的不断发展，以及计算机技术和软件开发的不断进步，在材料科学与物理、化学、应用数学及工程力学等多学科交叉背景下，材料计算在科学技术发展中发挥了重要作用。在世界范围技术不断革新和经济不断进步的严峻形势下，从我国国家重大需求、国家安全和市场竞争态势考虑，必须在计算材料科学与技术基础上实行快速、低耗、创新发展，变革研究模式，解决 21 世纪对先进材料紧迫需求的巨大挑战，为我国加速材料发展提供驱动力。

近 20 年，以美国为代表的西方发达国家不断从其国家发展战略高度出发，以国家行为推动计算材料科学的发展。1989 年美国国家研究委员会（United

States National Research Council，NRC）在其发布的《1990年代的材料科学与工程报告》中，第一次提出计算材料"是材料科学与工程从定性发展到定量预测"的科学；随后，1995年和1999年，美国能源部先后发布了"先进战略计算行动"和"计算材料科学行动"，正式实施计算材料科学；21世纪初，美国又启动了"材料加速熟化"计划，选定喷气发动机用高温金属材料和飞机用先进复合材料两大目标，开展计算模拟与实验验证密切结合的集成设计与研制，其总目标是加速材料熟化。2008年，美国国家研究委员会又发布了"集成计算材料工程"，其目标是将材料计算模拟、工程产品性能分析和工业制造过程模拟集成为一个整体，以使得产品和材料性能的设计达到最优组合。更进一步，2011年美国发布了"为全球竞争力的材料基因行动计划"[Materials Genome Initiative（MGI）for Global Competitiveness]，并于2012年开始全面启动美国"材料基因组计划"（图2-27）的项目工作，借以保持和提升美国新材料的技术优势，促进其制造业的复兴。在随后的2012年3月29日，美国政府宣布了"大数据研究和发展计划"（Big Data Research and Development Initiative），来推进从大数据集合中获取知识和洞见的能力，增加依靠信息计算技术与专业领域的集成来加速行业发展的思路变得更加清晰[73]。"材料基因组计划"的目标如下：增效集成各个尺度的计算模拟工具、高效实验手段和数据库，将材料研发从传统经验式提升到科学设计，从而大大加快材料研发速度、降低材料研发成本、提高材料设计的成功率，使材料的开发周期从目前的10～20年缩短为5～10年（图2-28）。美国"材料基因组计划"已引起其他国家的响应和跟进。

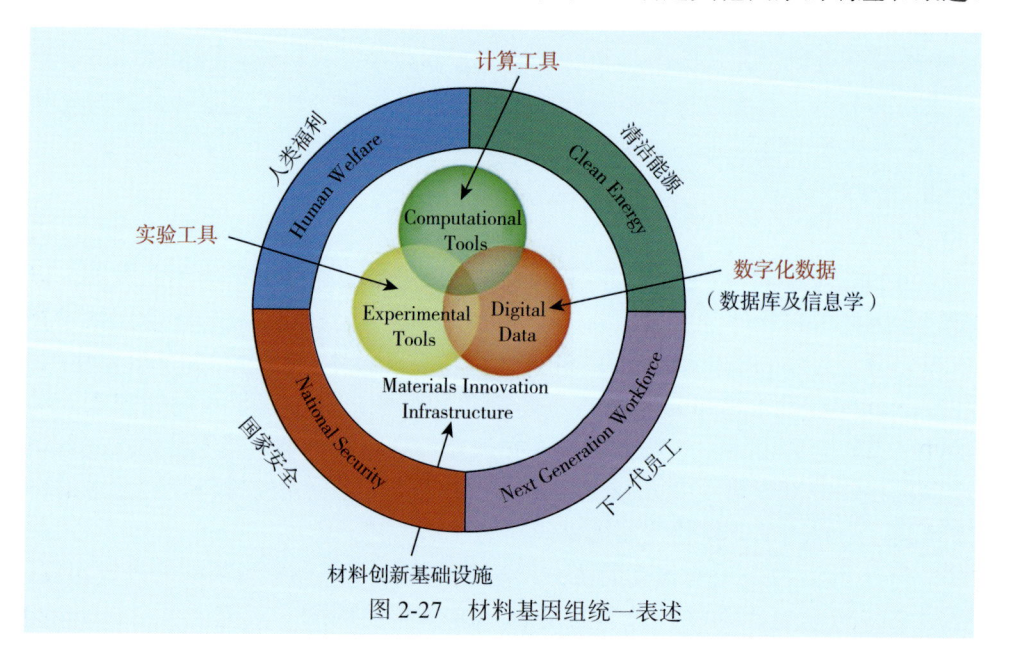

图2-27　材料基因组统一表述

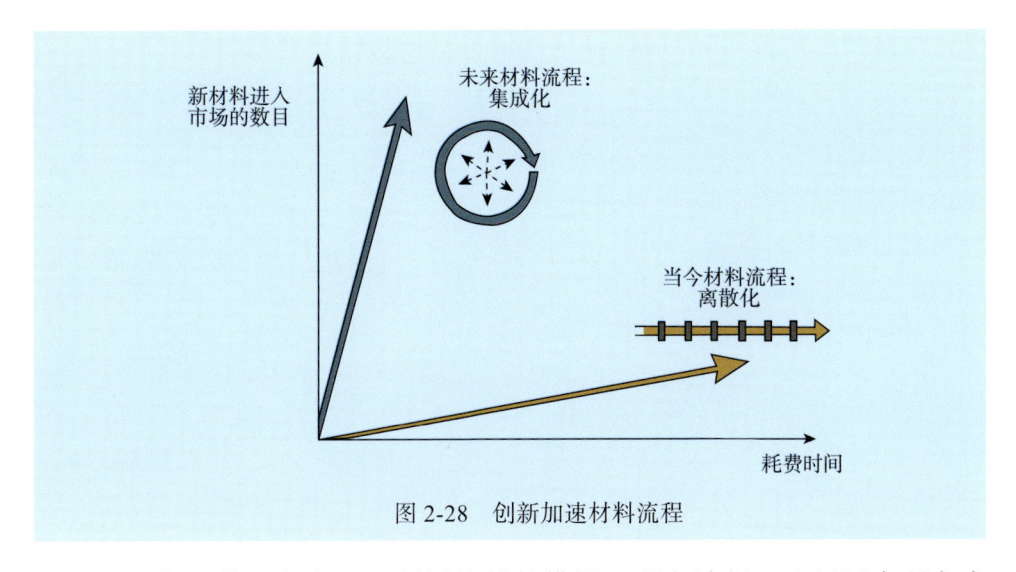

第二章 关键新材料领域发展现状及重大技术突破

图 2-28 创新加速材料流程

2001年，英国发布了"预测性材料模拟"研究计划。法国国家研究中心提出了有关材料力学特性研究综合计划，反映材料计算的多功能应用。欧洲方面于2003年启动"迈向原子层次材料层次设计"综合计划，重点针对材料计算设计及其应用领域。日本"文部科学省与经济产业省"协同为振兴日本国家经济能力解决材料需求的瓶颈问题，于2008年提出了"元素战略"国家计划，其中，核心内容为探索稀少资源元素物理化学机制，解决先进制造业广泛的特殊需求的材料以及外部供应受限问题，特别是稀土元素问题及贵重元素（铂族）问题，寻求资源元素替代战略。同时强调对有害元素的替代技术，如元素铬、镉、铅及汞的使用问题以及丰富元素的功能开发及利用问题。并特别关注氧化物的基础性研发。日本"元素战略"国家计划强调指出了材料研究的"变革"以及基础研究与战略元素替代和丰富元素开发利用。计划的实质反映日本所面临的严峻问题及其紧抓历史机遇的部署，元素战略科学内涵的深远意义可供我国参考。印度于2013年提出"材料基因组计划"，其是继美国2011年6月提出"材料基因组计划"的第一个亚洲国家。

美国麻省理工学院材料科学与工程系G.Ceder教授领导的新兴材料研究组（The Computational and Experimental Design of Emerging Materials Research Group）是目前美国以"材料基因组计划"为平台研究锂离子电池正极材料的重要研究团队。他们的目标是采用理论和实验相结合的方法，探索材料结构与性能之间的关系，从而更好地设计高质量的功能材料。

重大技术突破专栏
材料高通量计算

高通量计算材料是"材料基因组计划"的重要核心内容之一。随着"材料基因组计划"的深入进展，高通量计算正在兴起成为一门新学科，在快速发现新材料、洞察材料物理、揭示材料中新现象等涉及材料核心问题方面，愈加显示出其实质性作用和巨大的潜势。高通量计算在能源材料预测，拓扑绝缘体计算，对催化材料、热电材料、磁性材料、二元或三元化合物结构稳定性判断，以及对国家安全有重大意义的高强高温合金等体系中有广泛的应用和尝试。它以加速新材料预测和创新为目标，以建模、算法、软件、数据库自主研发为核心，驱动重大需求材料的发现、发展和突破。高通量计算基于变革材料研发模式的理念，实现按需设计、发展新材料，预期将导致材料科学和技术的突破性进展。

相关研究已经发布了三种应用软件：①材料搜索引擎（Material Explorer）。其能浏览、检索包含数万种计算材料的数据库，可快速筛选出满足特定化学组分和性能参数的材料。②计算相图应用软件 PDAPP（Computational Phase Diagrams APP），使用了材料基因组数据库中大量的计算数据，可生成任意 2～4 元系统的相图，利用实验方法确定相图费时、耗力，高通量第一性原理计算可大大加速这个过程。利用大型材料计算数据库可很快得到系统的相图。③反应计算软件（Reaction Calculator Tool），利用计算离散傅里叶变换能量数据库，可计算给出 23 000 种无机化合物的反应焓。反应软件验证了 1 000 多种无机化合物反应焓的实验值。该研究组以有希望的 $Li_3Mn(CO_3)(PO_4)$ 为例，说明了"材料基因组计划"在以锂离子电池正极材料为代表的复杂结构功能材料领域的成功应用。

（二）国内发展现状

我国 20 世纪 90 年代以来高度关注计算材料科学的发展。1992 年国家自然科学基金委员会设重大项目开展材料计算基础研究，在促进我国计算材料科学发展中起到了重要的推进作用。科学技术部设立"863"项目并于 1997 年将计算材料科学的物理基础和应用纳入国家攀登项目。2000 年国家启动重点基础研究"973"计划，十多年来，一直着重于材料计算设计与性能预测等重点主题研究，推进了我国计算材料科学的发展，培养了一批学术带头人和研究骨干。依托于沈阳材料国家（联合）实验室、北京科技大学新材料设计实验室及清华大学材料设计虚拟实验室建立了相应的计算材料研究中心，为国家"材料计算"提供了科技基础。

近年来，我国科学家在材料计算领域也取得了一些在国际上具有重要影响的研究进展。例如，中国科学院物理研究所基于第一性原理计算发现 Bi_2Se_3 系列材料具拓扑绝缘体性质，并为实验所证实[74]。清华大学利用第一性原理计算研究了石墨烯材料，提出了发展新型电子材料的设计[75, 76]。复旦大学研究组基于第一性原理计算，在四元合金中成功预测了一种新型的太阳能吸收材料（Cu_2ZnSnS_4、$Cu_2ZnGeSe_4$），预言了相关体系的能带带隙、合金中的缺陷特性、光学特性及热力学特性等。在强自旋轨道耦合材料的相关研究中，相关研究组开展了拓扑相、磁电耦合、Berry 相位及量子霍尔效应的研究等前沿工作[77～79]。清华大学研究组对真实材料中自旋轨道耦合效应引起的新奇物理现象——量子反常霍尔效应和三维拓扑绝缘体的研究取得了重大突破性进展[80]。清华大学南策文研究组提出了表述多铁性材料多场耦合效应的有效介质理论方法，给出了材料显微结构因素与磁电效应的相关性，2001 年率先提出复合巨磁电效应，为随后的复合多铁性磁电材料的快速发展奠定了基础[81, 82]。中国科学院硅酸盐研究所张文清在热电材料研究方面取得了国际先进的研究成果。在锂离子电池正极材料的研究方面，中国科学院物理研究所黄学杰研究组近 10 年来将计算材料学与实验相结合，在锂离子电池正极材料研究中取得了国际瞩目的成绩。有关正极材料研究发现 $LiFePO_4$ 是重要的正极材料（但它是绝缘体，要在颗粒表面包覆碳层才能使用）；同时基于第一性原理计算发现：掺 1% 的铬可以改变能带结构，实验表明掺 1% 的铬后室温电子电导率增加了 8 个数量级。

由于材料结构本征的多尺度/多层次特征及其重要的物性尺度关联效应，计算材料的多尺度建模及算法在 20 世纪 90 年代以来有了较大的发展与应用。清华大学、钢铁研究总院王崇愚研究组于 1990 年基于第一性原理计算及位错理论独立提出了物性参量解析传递序列算法，成功判明了微量元素对材料性质的关键作用，揭示了材料中微量元素作用机制问题，该算法是基于第一性原理多尺度序列算法在固体研究中的早期工作[83]。近年在结构材料研究方面实施了第一性原理，格林函数与位错弹性理论相耦合的匹配多尺度计算在数值计算与解析表述相结合模式下可预期合金的屈服强度以及掺杂元素的电子效应。该工作初步建立了量子力学跨越弹性理论的桥梁，具有重要的发展性及应用意义。

在材料计算软件开发方面，我国科学家在多领域也有突出贡献。例如，在关联电子体系方面发展第一性原理关联电子体系软件（correlated electron system simulation package，CESSP），提高计算速度和规模，用于模拟和预测弱/强关联电子体系的力热电磁光等物性，为新材料设计的高通量计算提供快速高效的工具；发展了适用于任何晶体体系的全部固体弹性模量矩阵元素的第一性原理计算方法；中国科学院物理研究所研究组历时 10 年独立自主开发的 BSTATE Code（Beijing simulational tool for atom technology），目前已经在铁基超导、拓扑绝缘体理论计算领域取得一系列国际一流的研究成果并成功解释和指导实验研究；在材料结构预测方面，自主研发了"可定制集群操作系统"（customizable cluster operating system），该系统基于 Linux 发行版进行集群化定制，支持按科学计算实际需求对系统及其内核进行智能剪裁，可随发行版及内核自动升级，以单一映像管理任意规模集群计算机的全部硬件和软件[84]。

原子层次的纳米及介观尺度分子动力学方法可实现各类材料在外场下结构演化行为以及原子分布特征的模拟和预测，其关键在于多体原子间相互作用势的建立和成功应用。埋置原子势方法已成功用于诸多材料并不乏创新成果。清华大学、北京科技大学陈难先研究组在原子间相互作用势库研究中提出了三类原子相互作用势反演公式，有效地用于稀土金属间化合物、陶瓷和半导体材料中离子相互作用以及界面问题离子相互作用，为多种材料结构性质的系统研究提供了基础，具有开创性[85]。王崇愚研究组在 1995 年基于有效介质理论及密度泛函理论建立了解析形式具有多体性及传递性第一性原理原子间相互作用势，并应用于处理晶界体系问题[86]。近年基于势参量变换不变性以及原子间电荷转移效应及弹性约束条件，发展了多组元埋置原子势，用于研究复杂合金体系中与位错运动、裂纹扩展及重元素掺杂效应相关的材料力性问题。新发展的多组元势具有显明的优势，体现了 EAM 势的发展[87]。在高温合金材料的研究方面，王崇愚研究组发展和应用序列多尺度算法[83~88]、协同多尺度算法[89,90] 及线性标度大尺度算法[91]，研究了磁性合金、碳纳米管、镍基单晶高温合金共格体系、位错缺陷体系中（10^3 原子量级）掺杂缺陷效应以及化学成键行为的跨尺度性质。多尺度跨层次集成计算与材料物性关联框图见图 2-29 及图 2-30。

我国在钛合金材料的计算辅助设计方面开展了广泛深入的研究[92~94]，在高温钛合金、结构钛合金、钛铝金属间化合物及医用钛合金等材料的设计与应用方面取得了多项重要成果。近年来，针对钛合金及 TiAl 合金等关键结构材料性能与工艺开展了第一性原理、分子动力学、相场模拟及多尺度等计算研究，在 Ti 系高温钛合金、钛铝金属间化合物及低模量多功能钛合金等新材料研发方面取得了一系列新成果，并产生了较大的科技影响。中国科学院金属研究所王绍青等[95~97] 发展了适用于任何晶体体系的全部固体弹性模量矩阵元素的第一性原理计算方法。合金力学性质自动系统设计中跨层次多尺度建模方法计算框架见图 2-30。

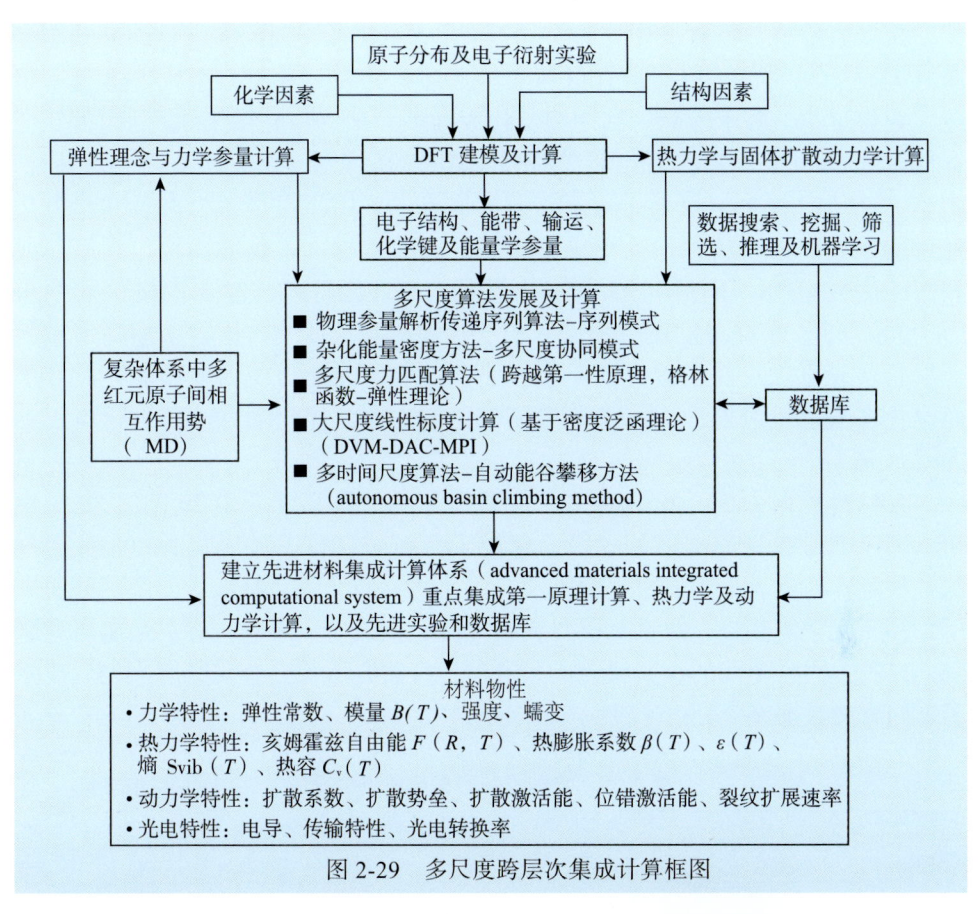

图 2-29 多尺度跨层次集成计算框图

图 2-30 多尺度跨层次建模及计算框图[98]

在高通量组合材料设计方面，20世纪90年代，我国的专家与国外知名专家共同发展和完善了现代组合材料实验方法，并在多种材料系统上进行了示范，取得了相关技术专利。其中颇具代表性的一项工作是用于3D高密度相变存储器的GeSbTe（简称GST）三元合金材料的研发。对比三元相图中经传统实验方法历时数十年积累的若干离散数据点，采用高通量组合材料实验方法通过两周时间即得到覆盖完整成分空间的连续数据，不仅准确地包含了经典相图中的数据点，还预测了大量尚未发现的高性能材料，包括IBM公司两年后（2007年）才宣布发现的Sb/Ge相变存储材料。此外，国内采用高通量组合材料实验方法提高了镀锌汽车板表面抗盐液腐蚀能力及力学性能，发展了商业化多通道反应器，快速考核多项催化剂寿命、优化配方，已实际应用于大型企业。

在材料数据方面，我国对材料数据库技术的研究开始于20世纪80年代初。国家非常重视数据库的建设，建成了分布于高校、科研院所和企业用户的各种各样、大大小小的材料数据库。清华大学、北京科技大学、中国地质大学、福州大学等高校，北京航空材料研究院、钢铁研究总院、有色金属研究总院，以及中国科学院的金属研究所、过程工程研究所等一些研究所，先后建立了不同材料数据库，见表2-29。

表2-29　我国材料数据库建设情况

单位	数据库名称
中国科学院金属研究所、北京科技大学	材料环境腐蚀数据
北京航空材料研究院	航空材料数据库、复合材料数据库
武汉材料保护研究所	磨损数据库
钢铁研究总院	合金钢数据库、先进钢铁材料数据库、多国材料牌号数据库、行业用钢材料数据库
机械电子部材料研究所	机械工程用材数据库
中国科学院长春应用化学所	稀土材料数据库、化合物活性数据库
北京有色金属研究院	金属材料数据库
清华大学	陶瓷材料数据库、膜中心数据库
化工部科技情报所	高分子材料数据库
中国科学院上海光学精密机械研究所	非晶态材料数据库
中国科学院纳米中心	纳米材料科技基础数据库
机械科学研究院	材料科学数据库（常用材料数据、常用零件材料、材料牌号对照、型材等数据）
中国科学院金属研究所	材料数据库（高温合金、钛合金、材料腐蚀、材料焊接、纳米材料、精密管材、失效分析等数据）
中国科学院上海有机化学研究所	服务于化学化工研究和开发的数据库群
福州大学	包装材料数据库

续表

单位	数据库名称
郑州工业高等专科学校	超硬材料与磨料磨具文献数据库
中国地质大学（北京）	晶体之星
中国科学院过程工程研究所	工程化学数据库、持久性有机污染数据库、化学主题数据库、物性及热化学数据库、纯化合物相变数据库、非电解质体系气液相平衡数据库、共混聚合物相容性数据库、聚合物溶液气液平衡数据库
中国科学院核能安全技术研究所	聚变材料数据库
中国科学院大连化学物理研究所	储氢材料数据库
中国科学院长春光学精密机械与物理研究所	光学材料库、镀膜材料及膜系数据库、光学晶体数据库、光学塑料数据库
中国科学院高能物理研究所	古陶瓷数据库
中国工程院	中国工程科技知识中心金属材料专业知识服务系统

第四章

中国新材料产业的发展战略

一、指导思想

　　围绕信息、能源、节能环保、生物、航空航天及产业革新等方面的战略需求，突破信息功能材料、新能源及节能环保材料、稀土及特种功能材料、生物医用材料、金属材料、无机非金属材料、高分子及复合材料以及材料基因组工程等领域的核心技术，着力提高新材料产业的自主创新能力，支持量大面广和国家重大工程急需的新材料产业化建设，进一步增强我国新材料产业的技术创新能力和产业化技术水平，实现我国从材料大国向材料强国的战略性转变，全面满足我国国民经济、国家重大工程和社会可持续发展对材料的需求。

二、发展目标

（一）2015年发展目标

　　建立起具备一定自主创新能力、规模较大、产业配套齐全的新材料产业体系，突破一批国家建设急需、引领未来发展的关键材料和技术，培育一批创新能力强、具有核心竞争力的骨干企业，形成一批布局合理、特色鲜明、产业集聚的新材料产业基地，新材料对工业结构调整和升级换代的带动作用进一步增强。

（二）2020年发展目标

掌握大量关键材料的核心技术，推动关键装备的国产化，实现规模化生产技术的突破和系统集成技术的完善，缩短与世界先进水平之间的差距；同时，建立以企业为主体的高水平新材料研发平台，加强材料工程化技术的研究，实现关键材料的批量生产。至2020年前后，关键材料的自给率达到70%，基本满足国家重大工程建设、国家安全等领域的需求。

（三）2025年发展目标

新材料产业整体水平达到国际水平，新材料实现大规模绿色制造使役和循环利用，基本建成新材料产业创新体系，新材料基本能够满足我国国民经济、国家安全、社会可持续发展的需求，实现由材料大国向材料强国的战略性转变。材料制造能力达到国际先进水平，实现绝大部分关键材料的国产化，全面满足高新技术、生命与健康等人本环境的需求。

三、发展重点

（一）微电子关键材料

1.战略意义

信息技术的自主创新和自主知识产权对提高我国制造业核心竞争力有非常重要的影响，我国集成电路市场约占世界市场的20%，且呈现加速增长的趋势。国家重大专项"极大规模集成电路制造装备及成套工艺"中已安排了与之相配套的集成电路用关键材料的研究。在微电子关键材料领域形成具有自主知识产权的新技术，对促进我国信息技术跨越式发展、提高核心竞争力、占领科技制高点、实现我国从微电子产业大国向强国的迈进，具有非常重大的现实意义。

2.主要任务

突破硅等衬底材料以及栅极材料、存储材料的关键技术，建立微电子关键材料配套体系，缩短与世界先进水平的差距，满足65～45纳米、32～22纳米和16～14纳米的集成电路要求，促进国内集成电路产品的技术创新，并为集成电路持续发展提供关键材料支撑。

3.发展目标

微电子关键材料发展目标见表4-1。

表4-1 微电子关键材料发展目标

名称	2015年目标	2020年目标	2025年目标
300mm硅	在批量应用于90～65纳米线宽集成电路基础上，掌握32～28纳米线宽集成电路用硅材料的工程化技术，实现量产	掌握满足16～14纳米线宽集成电路用300毫米材料工程化技术，实现量产	产业化能力达到80万～100万片/月
450mm硅	开展基础性研究，完成实验室规模样品试制	突破450毫米硅单晶材料生长的关键技术	建成450毫米硅片的引导线，形成450毫米硅片的成套工程化技术，满足线宽≤14纳米集成电路的应用要求
SOI	开发300毫米薄层SOI和局部应变硅的工程化技术	突破FDSOI片制备的关键技术，形成2万片/月的批量能力	产业化能力达到10万片/月
SiC、GaN	完成2英寸材料的工程化技术研发，并小批量商业应用	掌握4～6英寸材料的工程化技术，实现批量商业应用	4～6英寸材料实现大规模应用，技术达到国际先进水平
高K材料	跟踪世界先进水平，开发锆铪系高K材料和配套的栅极材料的工程化技术；开展TiO$_2$等高K材料的基础性研究	缩短与世界先进水平的差距，锆铪系高K材料和配套栅极材料得到商业应用；开发TiO$_2$等高K材料的工程化技术	锆铪系高K材料和配套栅极材料得到大规模应用，TiO$_2$等高K材料实现产业化
相变存储材料、铁电存储材料	跟踪世界先进水平，开展基础性研究	缩短与世界先进水平的差距，开发工程化技术和小批量试用	完成材料工程化，实现推广应用
自旋电子材料	满足GMR磁敏感材料和磁电隔离耦合材料大规模生产及磁性随机存储器试制	实现MRAM批量生产	实现MRAM大规模商业应用，开发新型自旋电子材料

（二）半导体照明材料与器件

1.战略意义

半导体照明是利用第三代宽禁带半导体材料制作的光源和显示器件，具有耗电少、寿命长、无汞污染、色彩丰富、可调控性强、功能多等特点。它不仅是照明领域一场成功的技术革命，已确立在照明产业变革中的主导地位，成为惠及民生的新型高效照明产品，而且在交通、医疗、通信、农业、安全等领域具有极为广泛的应用前景。此外，半导体照明在节能减排方面贡献巨大，作为新的经济增长点，是我国在国际上有可能占据主导地位的战略性新兴产业的重要方向之一，其技术的持续进步将带动整个第三代半导体技术的发展，是攻克光电子、信息、电力电子、国防等领域的重要切入点和突破口，具有极其重要的战略意义。

2. 主要任务

突破白光核心技术，实现从基础研究、前沿技术、应用技术到示范应用全创新链的重点技术突破，功率型芯片光效达到国际先进水平，关键设备和重要原材料实现国产化，实现光电子与微电子的融合，带动第三代半导体材料及应用的发展。应用产品达到国际先进水平，向高光效、低成本、高光品质、高可靠性、智能化、信息化、超越照明等更加广泛的创新应用方向发展，提高节能效果，全面推进照明产业向全面智能数字化时代，以及基于健康、多功能个性化的照明形式的变革。培育一批拥有知名品牌的龙头企业，提高产业集中度，形成产业集聚区。建立具有国际先进水平的公共研发平台和完善的标准、检测、认证体系。

3. 发展目标

半导体照明材料与器件发展目标见表4-2。

表 4-2 半导体照明材料与器件发展目标

2015 年目标	2020 年目标	2025 年目标
工程化的白光 LED 的光效不低于 150 流明/瓦，寿命不低于 5 万小时，显色指数不低于 80，每千流明成本不超过 12 元	工程化的白光 LED 的光效不低于 200 流明/瓦，寿命不低于 10 万小时，显色指数不低于 85，每千流明成本不超过 6 元	材料工程化和产业化取得显著进展。工程化的白光 LED 的光效不低于 220 流明/瓦，寿命不低于 10 万小时，显色指数不低于 85，每千流明成本不超过 5 元

（三）激光晶体和非线性光学晶体材料

1. 战略意义

结合固体激光器向更高输出功率和更高光束质量发展的应用需求，有必要突破以大尺寸优质激光和非线性光学晶体为代表的功能晶体制备关键技术并实现工程化，为解决下一代全固态强激光器件及其应用奠定材料和器件基础。

2. 主要任务

实现直径 100 毫米以上 Nd:YAG、公斤级 LBO、KBBF 等数种优质激光和非线性光学晶体的稳定生长；突破后处理和器件加工关键技术，实现工程化应用；同时，发展有重要应用的功能晶体的生长及其器件技术，实现应用和工程化。

3.发展目标

激光晶体和非线性光学晶体材料发展目标见表4-3。

表4-3 激光晶体和非线性光学晶体材料发展目标

2015年目标	2020年目标	2025年目标
无"核芯"Nd:YAG晶体、大尺寸优质Nd:GGG晶体生长、激光透明陶瓷制备关键技术获得突破；完善掺钕钒酸钇（Nd:YVO$_4$）同系列钒酸盐激光晶体生长关键技术；开展大尺寸高质量KDP/DKDP（即磷酸二氢钾/磷酸二氘钾）、LBO和KBBF等晶体生长研究，高抗激光损伤阈值、高抗灰迹KTP晶体生长关键技术、深紫外、中远红外、闪烁晶体、阵列器件、太赫兹（THz）波段高转换效率非线性光学晶体、高光学质量晶体抛光、镀膜关键技术等获得突破	适合全固态激光器需要的高量子效率、高储能Nd:GGG等激光晶体、激光透明陶瓷实现商业应用；制备大尺寸高质量KDP/DKDP、LBO、硼酸钙氧钇（YCOB）和KBBF等非线性光学晶体，为强激光装置等国家重大工程提供急需功能晶体；实现紫外深紫外、中远红外波段高转换效率晶体的工程化；大尺寸高质量新型闪烁晶体和阵列的制备关键技术获得突破；开发新型光电功能晶体，如电光和弛豫铁电体晶体等	Nd:GGG等激光晶体、激光透明陶瓷产品达到国际先进水平并进入国外市场；大尺寸高质量KDP/DKDP、LBO、YCOB和KBBF等非线性光学晶体，紫外深紫外、中远红外波段高转换效率晶体实现商业应用；新型闪烁晶体、电光和弛豫铁电体晶体等完成工程化相关工作

（四）碳基纳米材料

1.战略意义

碳基纳米材料是近些年出现的一类新材料，备受人们关注，我国科学家的研究成果已引起国际关注，多项进展具有自主知识产权。在此基础上，进一步明确主攻方向，设立具有前景的前瞻性项目，组织队伍，加大投入，抢占关键领域，夺取系列成果，注重基础研究成果向产业的转化，对形成未来我国材料高技术领域的核心竞争力具有重要意义。

2.主要任务

进一步明确方向，凝聚重点，集中力量，主攻信息器件与电路、能源与环保、生物医学等有重大应用前景的领域。争取获得重大原始创新和重要应用成果，努力提高研究成果的国际影响力和自主创新能力。培养一支具有高素质创新人才的队伍，建设碳基纳米材料研究和发展的创新平台和基地。

3.发展目标

碳基纳米材料发展目标见表4-4。

表 4-4 碳基纳米材料发展目标

2015 年目标	2020 年目标	2025 年目标
碳基纳米光电集成电路材料，基于富勒烯、碳纳米管和石墨烯的光电功能芯片的制备技术研究，完成技术原型验证；碳基纳米锂电池、燃料电池和太阳能电池材料实验室制备技术研究，突破能量密度及光转换效率等关键技术指标	掌握碳基纳米光电集成电路材料，基于富勒烯、碳纳米管和石墨烯的光电功能芯片，特别是量子效应为主的石墨烯集成电路材料和功能块，与硅基芯片混合构成新型信息芯片材料和组装制造技术；碳基纳米锂电池、燃料电池和太阳能电池材料实现批量制造，成为新一代高效电池的主流材料	碳基纳米光电集成电路材料，特别是量子效应为主的石墨烯集成电路材料和功能块，与硅基芯片混合构成新型信息芯片材料和组装制造技术完成工程化，实现批量商业应用；碳基纳米锂电池、燃料电池和太阳能电池材料等实现大规模批量制造和商业应用；全纳米碳基智能电路系统芯片完成实验室研制

（五）太阳能材料

1.战略意义

光伏产业是世界各国竞相发展的战略性新兴产业，发展光伏产业对调整能源结构、推进能源生产和消费方式变革、促进生态文明建设具有重要作用。未来 10～20 年，晶体硅太阳能电池的主导地位不会发生根本性变化。由于多晶硅成本下降，薄膜电池的成本优势并未得到太大体现，预计薄膜和晶体硅太阳能电池技术未来还将并行发展。我国太阳能电池已经形成了世界第一的产业规模，在满足国内太阳能发电增长需求的同时，仍将出口到其他国家和地区。围绕提高转化效率、降低成本、长寿命等核心技术，我国应当加强提升多晶硅产品质量、降低能耗和副产物综合利用等方面的技术研究，同时完善材料产业体系。此外，还应积极发展太阳能热发电材料，为其大规模应用示范提供支撑。

2.主要任务

有必要开展高性能多晶硅和晶体硅材料、辅助材料及薄膜太阳能电池产业化基地和国家级研发机构建设，发展太阳能电池新材料、新原理，开发高效、低成本、长寿命太阳能电池。以硅基太阳能电池和太阳能热利用关键材料为重点，完善多晶硅产业化技术和装备，发展多晶硅制备新技术，提高并稳定多晶硅品质，降低能耗，强化多晶硅副产物综合利用；发展高性能大尺寸单晶硅、超薄型硅片及其低成本电池制备技术和装备，发展高效率长寿命非晶硅/微晶硅等薄膜电池制备技术和装备；完善晶体硅太阳能电池辅助材料产业体系，积极开发高性能浆料、背板材料等产品。发展高效率长寿命真空集热管及材料产业化关键技术和装备。研发先进太阳能利用新材料和新技术，为实现我国由太阳能生产大国向太阳能强国的转变提供技术支撑。

3.发展目标

太阳能材料发展目标见表4-5。

表 4-5 太阳能材料发展目标

2015年目标	2020年目标	2025年目标
突破多晶硅节能、副产物综合利用新技术，开发高效低成本硅片制备及太阳能电池技术，使光伏发电成本达到户侧电价，建成低成本浆料、纳米打印和高耐候性封装材料、高温光热材料与技术研发基地	多晶硅节能、副产物综合利用产业化，高效、低成本太阳能电池技术产业化，低成本浆料、纳米打印和高耐候性封装材料、高温光热材料与技术国产化，建成研发与产业化示范。光伏发电成本不需政府补贴商业化应用	多晶硅制备及太阳能电池制备产业化达到国际先进水平，高效、低成本、长寿命太阳能电池产业化，实现低成本浆料、纳米打印和高耐候性封装材料、高温光热材料与技术产业化。太阳能成为能源的重要组成部分

（六）锂离子电池材料

1.战略意义

动力电池是发展新能源汽车的关键，预计2020年全球市场规模将达到2 000亿美元。日本政府实施"蓄电池革新"战略，提出2020年日本电池占据全球50%的市场份额，支撑电动汽车续航距离提升两倍；美国能源部实施电动汽车普及蓝图（EV Everywhere Grand Challenge Blueprint）计划，2017年比能量从100瓦时/千克提升至250瓦时/千克，2027年锂硫、金属空气电池取得突破性进展。锂离子电池作为二次电源，可储存水电、风电、光伏发电等清洁电力，绿色环保。相比铅酸电池、镍镉电池等其他二次电源，锂离子电池具有能量比较高、使用寿命长、自放电率低等优势。锂离子电池技术水平的提高将极大地推动电动汽车产业的发展和在储能领域的应用。

2.主要任务

突破锂离子电池用新一代高比容量（≥155毫安时/克）的磷酸盐系、镍锰钴三元系（≥165毫安时/克）正极材料等关键材料的产业化工艺与装备技术；掌握高比容量、高电压类正极材料和硅基复合负极材料的关键技术，以及高安全性电解质和隔膜材料制备技术，形成高比容量锂离子电池的材料体系，以支撑我国电动汽车产业和大规模储能的持续发展；在锂离子电池及相关材料的产业基地方面加强建设，形成混合动力汽车、插电式混合汽车和纯电动汽车三个系列的产品；建设国家级研发机构，发展具有自主知识产权的下一代电池和材料。

3.发展目标

锂离子电池材料发展目标见表4-6。

表 4-6　锂离子电池材料发展目标

2015 年目标	2020 年目标	2025 年目标
突破比能量 200 瓦时 / 千克电池的制备技术产业关键，提升现有材料性能，实现产业化，形成 100 亿瓦时动力电池及配套材料的产业规模，实现 300 亿～500 亿元产值	突破比能量 300 瓦时 / 千克锂离子电池关键技术，开发先进材料与技术（高容量正极材料、硅基合金负极材料、高安全性隔膜、高电位电解液），形成 1 000 亿瓦时动力电池及配套材料，实现 1 500 亿～2 000 亿元产值	实现比能量 300 千瓦时 / 千克锂离子电池产业化，开发新型电池与材料（硫系复合材料、金属锂复合材料、有机电解液、复合型隔膜、固态电解质材料等）

（七）燃料电池材料

1.战略意义

氢能是清洁、高效、环境友好的新能源，与可再生能源如风能和太阳能发展紧密结合，是新能源发展的重要方向。燃料电池是氢能利用的关键技术，已经逐渐形成了一个新兴的产业，具备一定的产业规模。随着燃料电池汽车的商业化应用，燃料电池市场将可能呈爆炸式的增长。围绕燃料电池技术，有必要开展具有自主知识产权的关键材料的研发，开发关键材料的规模化制备技术，推动和保障我国燃料电池技术的商业化应用，形成燃料电池新产业。

2.主要任务

在高性能长寿命低铂催化剂材料及其规模制备技术、高温低湿度条件下具有高电导率的质子交换膜材料、耐腐蚀金属双极板、高性能膜电极制备技术上实现突破，具备国际竞争力；开展氢储存与运输技术开发，推进氢燃料电池的广泛应用；围绕碱性膜燃料电池，开展适合碱性膜燃料电池的催化剂材料、碱性阴离子交换膜材料研制，开发下一代低成本燃料电池技术；制定燃料电池及氢储存、运输相关标准，为燃料电池进入市场提供保障，大力推进行业发展。

3.发展目标

燃料电池材料发展目标见表 4-7。

表 4-7　燃料电池材料发展目标

2015 年目标	2020 年目标	2025 年目标
突破高性能低铂长寿命催化剂的研发技术；加强膜电极基础问题的研究，研究质量控制关键因素及快速检测方法；研究新型碱性膜及碱性膜燃料电池关键技术	突破适用于高温、低湿度条件下具有高电导率的质子交换膜技术；突破大容量、高充放电速率技术难题，固态 / 高压混合储氢系统有可能作为车载氢源；突破轻质高容量储氢材料技术	实现高性能膜电极规模制备技术，产业技术水平达到国际先进水平；非铂催化剂研究取得突破；开展固态 / 高压混合储氢系统作为车载氢源的应用研究

（八）核能关键材料

1. 战略意义

面对未来 10～20 年核电发展的需求，我国应当建立完整的核级海绵锆及锆合金研发与生产体系。重点发展方向包括核级海绵锆清洁生产工艺及示范、先进锆合金（N18、N36、ZIRLO、M5、E635 等）材料和高质量大型锆合金铸锭制备及管材加工、组织、织构及性能控制等。加强核燃料后处理建设，实现核燃料闭式循环。同时，建立完整的第四代核能系统用高温合金的研发与生产体系。重点发展方向包括先进高温合金材料（高温高压耐蚀合金 Ni-Cr-Mo、Ni-Cr-W、Fe-Ni 基合金）和高质量大型镍基合金锻件、板材、管材制备加工、组织、织构及性能控制等。

2. 主要任务

重点突破锆铪分离清洁生产工艺和高纯金属的制备技术，加强先进锆合金材料的产业化建设；重点突破耐高温高压耐蚀合金的成分设计原理及相关型材制造技术，加强第四代核能系统用先进合金材料的产业化建设。加大开发具有自主知识产权新型锆合金材料的开发与堆内试验。建立健全核燃料研制开发和生产体系，大力推进核材料国产化进程，早日使我国核反应堆所有零部件实现全部国产化。

3. 发展目标

核能关键材料发展目标见表 4-8。

表 4-8　核能关键材料发展目标

2015 年目标	2020 年目标	2025 年目标
开展锆铪分离、新型核燃料、新型锆合金和高纯铪技术研究开发。核级海绵锆和锆合金生产能力达到 1 000 吨和 500 吨，产业规模达到 10 亿元。掌握第四代核能系统用耐高温高压耐蚀合金的成分设计原则，开展相关制造工艺研究，实现国外先进合金国产化	突破锆铪分离、新型核燃料、新型锆合金和高纯铪关键技术，建设示范生产线，完成新型核燃料和新型锆合金堆内试验。核级海绵锆和锆金属生产能力达到 2 000 吨和 1 000 吨，产业规模达到 20 亿元。研发更高级别第四代核能系统用新型高温高压耐蚀合金，实现核能材料的完全自主创新，并且成功运用于实验堆	建设新型核燃料、核级锆铪和锆合金产业链，实现国产化。核级海绵锆和锆合金生产能力达到 2 500 吨和 1 200 吨，产业规模达到 25 亿元，实现第四代核能系统用新材料的工业化生产，生产能力达到 1 000 吨，产值规模达到 5 亿元

（九）建筑节能玻璃材料

1. 战略意义

我国是发展中国家，未来将长期面临节能、减排、环保等巨大压力，预计低辐射、阳光控制等建筑节能玻璃将在五年内占据国内窗玻璃市场比率的20%，建筑节能镀膜玻璃产品将逐渐占据建筑玻璃市场的主导地位。开发适合我国气候特点的新型建筑节能镀膜玻璃产品，逐步提高门窗产品的强制性节能标准，促进节能玻璃产品的推广与有效使用，将对我国节能减排战略的实施起到积极作用。

2.主要任务

发展多层银复合低辐射节能镀膜玻璃技术和国产化装备，重点提高企业自主研发与产品设计能力，提升工艺控制水平。发展节能玻璃膜系设计技术与先进生产制造方法，建立完整的质量评价体系，开发与推广使用相关软件工具。开发与推广适合不同气候特点的系列光谱选择性高效节能镀膜玻璃，提高建筑节能玻璃使用效果；完善国产浮法在线化学气相沉积和金属有机化合物化学气相沉积节能玻璃镀膜技术和装备，重点发展膜系设计、多层匹配和微结构调控技术与装备，发展原料高效回收利用技术和装置，降低生产成本；发展真空节能玻璃产业化技术，解决真空玻璃钢化问题；研发电致变色、热致变色、光致变色等新型双向可调节能玻璃材料。

3.发展目标

建筑节能玻璃材料发展目标见表4-9。

表4-9　建筑节能玻璃材料发展目标

2015年目标	2020年目标	2025年目标
开发出节能玻璃新型膜系设计软件，设计适合不同气候特点的银基高效节能镀膜玻璃；初步实现国产在线化学气相沉积低辐射、阳光控制节能镀膜玻璃技术的产业化，升级改造部分传统浮法玻璃生产线；研发电致变色、热致变色、光致变色等新型双向可调节能玻璃材料	实现低辐射节能镀膜玻璃、阳光控制节能镀膜玻璃、新型光谱选择性节能镀膜玻璃、外场响应（电致变色、热致变色、光致变色）节能玻璃等建筑节能玻璃的产业化，实现国产高效、低成本浮法在线化学气相沉积技术的规模化，升级改造传统浮法玻璃生产线，建成研发与产业化示范基地	实现低辐射节能镀膜玻璃、阳光控制节能镀膜玻璃的多功能化和复合化，以及电致变色、热致变色、光致变色等智能化节能玻璃的产业化。降低节能镀膜玻璃生产成本40%，提高节能效果50%；全面升级改造传统浮法玻璃生产线，镀膜技术达到国际领先水平

（十）膜材料

1.战略意义

我国是世界上21个贫水国家之一，水资源十分紧缺，特别是华北、西北地区，人均占有量只有世界人均值的8%，不到全国人均值的30%。膜技术是解决我国水质型缺水危机、提高饮用水水质的保障，其集成技术可以实现城市生活污水的完全回用，这对于缓解我国水资源的紧缺、提高水资源的利用效率有着重要的作用。有必要以具有自主知识产权水处理膜材料为核心，开发规模化的水处理成套装备和综合处理技术，形成水处理膜材料与综合技术的新产业。

2.主要任务

在高性能海水淡化膜材料、低成本陶瓷纳滤膜材料、有机纳滤膜材料、高强度聚偏氟乙烯（PVDF）膜材料上实现突破，具备国际竞争力；在海水淡化工程、城市污水处理及回用工程、自来水安全等涉及民生的行业实现规模化应用，保证用水安全；在油田、印染、焦化、发酵等大型排污行业实现污染物减排、水回用，大力推进行业发展。

3.发展目标

膜材料发展目标见表4-10。

表4-10 膜材料发展目标

2015年目标	2020年目标	2025年目标
提升水处理膜材料的自主创新能力，构建并完善海水淡化膜、陶瓷纳滤膜和有机纳滤膜材料设计与制备的理论体系，申请发明专利100项以上；通过对混合基质膜、有机无机复合膜、分子筛膜等膜材料的研究，形成一系列原创性的膜材料和专有制备技术	突破海水淡化膜、纳滤膜与渗透汽化膜支撑膜制备技术产业关键，建成支撑膜规模化生产线；实现海水淡化膜、纳滤膜与渗透汽化膜规模化制备技术国产化，产业技术水平达到国际先进水平；形成混合基质膜、有机无机复合膜、分子筛膜研究示范；实现正渗透膜制备技术国产化，形成压力阻尼渗透研究示范	实现大型水处理工程装备国产化，建成若干海水淡化、城市污水处理及回用等示范工程；实现混合基质膜、有机无机复合膜、分子筛膜规模化制备技术国产化，产业技术水平达到国际先进水平；实现正渗透膜的商业化应用

（十一）非晶合金材料

1.战略意义

随着我国特高压与智能电网的大规模建设，有必要结合电网输配电系统和电机用电系统的节能问题，发展非晶高效节能电机和配电变压器的工程化技术，促进非晶合金材料的大规模工程化，实现节能产品和节能材料的升级换代，推动我国用电系统节能和整个社会的节能减排。

2.主要任务

开发形成具有我国自主知识产权和资源优势的10万吨级以上大规模非晶

合金材料的工程化生产技术，实现高性能非晶合金材料的工业化稳定生产，突破非晶配电变压器铁芯自动化工业生产技术，并建设形成每年 30 万吨非晶合金带材和 10 万吨非晶配电变压器铁芯的生产能力，使我国占据非晶合金材料与相关产业链发展的国际领先地位，成为世界上产能规模最大、技术水平最高的非晶合金材料及制品生产国。同时，突破并掌握非晶高效节能电机工程化生产的关键技术，实现非晶高效节能电机在工业领域的规模化应用。

3.发展目标

非晶合金材料发展目标见表 4-11。

表 4-11　非晶合金材料发展目标

2015 年目标	2020 年目标	2025 年目标
实现年产 10 万～30 万吨级非晶合金带材大规模、模块化工程化生产技术开发、装备技术开发及工艺布局的设计优化；年产 10 万吨级非晶配电变压器铁芯及相关变压器工业化生产技术的开发；年产 30 万吨非晶合金带材及 10 万吨非晶配电变压器铁芯工业化生产线及产能建设	形成年产 30 万吨非晶合金带材、10 万吨非晶配电变压器铁芯和 5 万吨非晶电机等产品的生产能力	形成年产 50 万吨非晶合金带材、30 万吨非晶铁芯及配电变压器、20 万吨非晶电机等产品的生产能力

（十二）稀土功能材料

1.战略意义

我国稀土功能材料产业已经获得巨大发展，但仍面临着许多亟待解决的问题和严峻的挑战。稀土功能材料及其应用技术与发达国家相比，还存在一定的差距，产品性能难以满足风力发电、新能源汽车、半导体照明工程等重大工程的应用需求，超高纯稀土金属及化合物、高端白光 LED 用稀土发光材料主要依赖进口，钕铁硼永磁材料、汽车尾气净化催化剂等稀土功能材料的核心知识产权被国外企业掌控，缺乏产品应用性能标准评价体系。因此，需大力发展新型高性能稀土磁、光、电等功能材料及应用工程化技术，建立我国先进稀土材料的产学研用创新平台及工程化基地，构建稀土材料及应用的低碳经济产业链，形成具有我国自主知识产权的高性能稀土功能材料战略性产业，逐步由稀土生产大国迈向稀土强国。

2.主要任务

围绕绿色能源、新能源汽车、绿色照明、新型显示等国家重大工程对稀土材料的迫切需求，重点突破以稀土永磁材料、催化材料、发光材料为代表的高端稀土功能材料产业化关键技术，同时开展稀土磁制冷、超磁致伸缩、稀土晶体材料、稀土陶瓷材料、稀土发光材料等前瞻性探索研究，进一步确立稀土产业优势，推动稀土产业的可持续发展。

3.发展目标

稀土功能材料发展目标见表4-12。

表 4-12　稀土功能材料发展目标

2015 年目标	2020 年目标	2025 年目标
开发出最大磁能积（兆高·奥）与内禀矫顽力（千奥）之和大于75的超高性能烧结永磁体；新型各向同性稀土粘结磁粉磁能积大于17兆高·奥，并实现规模生产及应用。白光LED红粉、绿粉的外量子效率达到0.8，黄粉达到0.92，规模生产的白光LED器件光效大于150流明/瓦。满足国Ⅴ标准的机动车尾气净化催化剂实现规模生产与应用。突破稀土储氢合金在混合动力车用镍氢电池、低自放电镍氢二次电池上应用的技术瓶颈	超高性能烧结永磁体最大磁能积（兆高·奥）与内禀矫顽力（千奥）之和达到80；低钕、低重稀土烧结钕铁硼磁体实现规模化生产；新型各向同性稀土粘结磁体最大磁能积达到20兆高·奥以上。激光、大功率LED等高能量密度光源激发的新型稀土荧光粉及光功能陶瓷材料获得规模应用，开发出具有应用价值的自主知识产权白光LED荧光粉，器件光效达到200流明/瓦；超高纯稀土材料及闪烁晶体、陶瓷批量化生产。形成2～3家可与世界知名公司抗衡的稀土催化剂品牌生产商，机动车尾气排放达到国Ⅵ排放标准。稀土储氢材料达到国际先进水平，产品全球市场占有率提升至80%以上	超高性能烧结稀土永磁体最大磁能积（兆高·奥）与内禀矫顽力（千奥）之和达到85。白光LED荧光粉核心产品国产化程度达到80%，白光LED成为主流照明技术，OLED稀土发光材料实现规模化生产。开发成功一批具有核心知识产权的新型稀土磁、光、电等功能材料，并在物联网、智能控制、新型显示等高新技术领域获得应用

注：OLED 的英文全称为 organic light emitting display，即有机发光二极管

（十三）信息功能陶瓷材料

1.战略意义

随着电子信息产品进一步向微型化、薄层化、集成化、多功能化、高可靠和宽带化的方向发展，功能陶瓷元器件的多层化、多层元件片式化、片式元件集成化和多功能化成为发展的主流，而功能陶瓷材料的细晶化、电磁特性的高频化、多层陶瓷共烧低温化将成为发展新一代片式电子元器件的关键技术。此外，固体燃料电池、太阳能和半导体照明技术及物联网用传感器的发展，对新型功能陶瓷材料的研发提出了新的要求，其有可能成为未来新型陶瓷材料产业化的重要增长点。

2.主要任务

重点突破纳米级高纯、高分散、高稳定功能陶瓷粉体制备与规模化技术、超薄型陶瓷薄层流延成型技术、亚微米-纳米晶陶瓷烧结技术、贱金属内电极

超高比容多层陶瓷电容器规模化生产技术、材料电磁特性的高频化及低损耗化技术、超微型片式陶瓷元件金属化表面工程核心技术，以及超微型化片式陶瓷电子元件规模化生产工艺装备技术。

3.发展目标

信息功能陶瓷材料发展目标见表4-13。

表4-13 信息功能陶瓷材料发展目标

2015年目标	2020年目标	2025年目标
突破150～200纳米陶瓷粉体与电极金属粉体制备技术、1微米超薄陶瓷流延成型技术、01005（0402）超微型片式陶瓷元件工艺技术	突破80～120纳米陶瓷粉体与电极金属粉体制备技术、0.8微米超薄陶瓷流延成型技术、008004（0201）超微型片式陶瓷元件工艺技术。研究开发水平整体达到国际先进水平；实现我国绝大多数高端陶瓷电子元件材料的国产化	基于低温共烧陶瓷技术的高密度无源集成实现突破，成为国际最大的无源集成产品生产国

（十四）超导材料

1.战略意义

超导材料在低温技术、制冷技术、电力技术、通信技术等方面有着良好的应用前景，有必要选择几项具有重大发展前景和带有示范性的民用和国防应用技术（高温超导电缆、超导储能系统、高温超导变压器、超导发电机和电动机、高温超导滤波器），促进带材、缆材、薄膜等使用成材技术的工程化步伐，带动相关技术的发展，在电力系统、弱电和通信等领域中获得应用。

2.主要任务

以超导材料为中心，包括制冷技术、电力技术、通信技术的超导集成技术获得较大发展；超导材料实现产品化，并在能源、通信、医疗、国防和交通等领域获得应用。

3.发展目标

超导材料发展目标见表4-14。

表4-14 超导材料发展目标

2015年目标	2020年目标	2025年目标
形成具有一定产值的超导电缆和超导器件生产基地	超导材料实用化制备技术接近或达到世界先进水平；以超导材料为中心，包括制冷技术、电力技术、通信技术的超导集成技术获得较大发展；超导材料实现产品化，并在能源、通信、医疗、国防和交通等领域获得应用	超导材料制备技术达到国际先进水平，形成一定规模的超导材料应用市场

2.主要任务

有必要突破组织诱导性生物材料设计和制备的工程化技术,将我国独创的骨诱导性生物材料及其制备技术发展扩大到非骨组织诱导性材料的设计及其制备技术,包括软骨、肌腱、角膜、神经、血管等组织诱导性材料的设计和制备技术,开创生物材料发展的新阶段——无生命的生物材料诱导有生命的组织或器官形成;突破结构组织的组织工程技术,促进组织再生的靶向药物控释技术及 3D 打印生物制造技术等,争取未来 10 年左右初步奠定我国组织再生材料新产业的基础,未来 20 年左右形成较完整的组织再生材料新产业。

3.发展目标

组织再生生物材料发展目标见表 4-17。

表 4-17 组织再生生物材料发展目标

2015 年目标	2020 年目标	2025 年目标
形成骨诱导人工骨产业体系,软骨诱导性材料取证并进入产业化实施阶段,研发一批用于结构组织的组织工程化制品及其工程化技术,争取实现年销售额约 10 亿美元	基本形成我国骨、软骨组织诱导性材料产业体系,初步形成组织工程产业体系,实现年销售额约 100 亿美元	突破组织工程化人工肝和肾等人工器官的设计和制备技术,初步建成我国组织再生材料产业体系,实现年销售额约 300 亿美元

(十八)表面改性生物医用材料

1.战略意义

当前常规生物医用材料临床应用中发生的一系列问题,源自材料生物学基础薄弱,因其基本上是移植或沿用其他高技术材料。生物材料植入体内后首先在表面/界面与机体发生反应——吸附体内蛋白,然后黏附细胞等。表面的结构和性质、对材料和机体的反应及特定组织的形成有决定性影响。常规材料的核心问题是材料表面/界面对体内蛋白、细胞无选择性(或随机)吸附/黏附,从而导致异体反应,植入失败,因此,通过表面/界面研究及表面改性赋予材料表面/界面对蛋白和细胞选择性吸附/黏附功能,成为提高常规生物材料和植入器械生物学性能的关键核心问题,也是其发展的主要方向。"表面改性植入器械"不仅列入了国家中长期科技发展规划,而且将成为未来 20～30 年生物材料产业的重要部分。预计 2020 年国际表面改性植入器械销售额可达 2 000 亿美元左右。同时其也是未来 20～30 年生物医学材料产业的主体——新一代组织再生材料发展的基础。

2.主要任务

突破生物材料表面改性以及表面改性植入器械的设计和制备的工程化技术,包括增进骨、牙等植入器械表面生物活性的表面生物活化技术;增进血液接触材料(金属、高分子)和器械的表面抗凝血及防组织增生改性技术;赋予表面抗菌、抗磨损、选择性固定生物分子等的表面功能化技术;等等。开发表面改性植入器械形态结构设计系统及软件。研发一批新型表面改性设备,在骨科、心脑血管外科、软组织植入器械等领域,推广应用表面改性植入器械。

3.发展目标

表面改性生物医用材料发展目标见表 4-18。

表 4-18 表面改性生物医用材料发展目标

2015 年目标	2020 年目标	2025 年目标
基本突破金属、高分子生物材料及植入器械表面生物活化及抗凝血改性技术,研发系列化植入器械,争取表面改性植入器械年销售额约 30 亿美元	基本突破用于骨(牙)科、心脑血管外科及软组织修复中使用的金属、高分子材料的表面改性技术,实现其大部分表面改性设备国产化,研发和生产出上述领域中与国际市场产品品类和质量基本相同的表面改性植入器械供临床使用,争取实现销售额 120 亿美元	突破生物材料及植入器械表面生物功能化技术,研发一批新型表面改性设备,实现年销售额 500 亿美元

(十九)高强高韧、长寿命的钢铁材料

1.战略意义

近年来,国家海洋工程、能源工业、高端装备制造业、节能环保业的快速发展,对金属材料的性能提出了高强、高韧、耐高温、耐腐蚀、耐磨损或结构功能一体化的需求,目前仍有不少关键部件用金属材料不能自主化生产,依赖进口,有些关键材料甚至受到国外的封锁,严重制约重大工程建设。开发高强度、高韧性、长寿命的金属材料与绿色环保钢铁制造流程与技术,不仅可以满足我国战略性新兴产业重大工程建设项目的需要,大量节省购买国外尖端材料的外汇,带来直接的经济效益;而且因为金属材料的高效使用推动战略性新兴产业发展,金属材料的节能环保生产推动环境改善,带来更加广泛的社会效益。

2.主要任务

开发大厚度、高强度、耐蚀海洋用钢,高铁用轴承钢、风力发电用轴承钢为代表的长寿命、高强度轴承钢,高纯净度、高等向性模具钢,高强度紧固件用钢,高耐蚀性、高成型性、耐热和抗氧化不锈钢,高强高韧金属制品用特钢，非调质节能环保型特钢，高强、成型性良好和低成本的汽车用钢，掌握高效低成本洁净钢冶炼技术、新一代轧制技术及热处理技术。

3.发展目标

高强高韧、长寿命的钢铁材料发展目标见表4-19。

表4-19 高强高韧、长寿命的钢铁材料发展目标

2015年目标	2020年目标	2025年目标
发展高性能和专用特种优质钢材。重点发展核电大型锻件、特厚板、换热管、堆内构件用钢及其配套焊接材料，加快发展超超临界锅炉用钢及高温高压转子材料、特种耐腐蚀油井管及造船板、建筑桥梁用高强钢筋和钢板。积极发展节镍型高性能不锈钢、高强汽车板、高标准轴承钢、齿轮钢、工模具钢、高温合金及耐蚀合金材料	突破传统冶炼及轧制技术理论，形成高效低成本洁净钢冶炼技术、新一代轧制技术及热处理技术，实现资源和能源节约的绿色化制造和钢材品质的升级换代；通过多相组织调控与超细晶控制，实现高强塑积、低成本汽车用高强钢的制备；突破大规格高强度海洋工程用钢制备及应用技术；开发高强度紧固件用钢、高耐蚀性不锈钢、高成型性不锈钢、耐热和抗氧化不锈钢、非调质节能环保型特钢	突破低成本减量化冶炼和轧制技术，以及短流程钢铁生产，实现绿色制造。开发重大工程与重大装备用高强度、高韧性、高塑性、低屈强比、高持久断裂强度的高技术含量、高附加值先进生态钢铁材料

（二十）高性能有色金属新材料

1.战略意义

高性能铝合金、铜合金、镁合金、钛合金等先进轻合金结构有色金属新材料是支撑我国航空航天、电子信息和交通运输等高技术领域发展的重要战略性基础材料。在航空航天领域，各种先进铝合金、钛合金材料占到飞机结构重量的60％以上，并在运载火箭、卫星、各种航天探测器等航天器件的制造中具有重要的作用；在电子信息领域，新一代铜合金引线框架材料和高强高导铜合金线材是保障电子信息产业发展和国家信息安全的关键支撑材料；在交通运输领域，先进轻合金结构材料的应用为新一代轻型汽车、高速轨道交通工具提供了轻量化节能环保的设计制造空间。高性能有色金属新材料的研发和产业化对于保障我国国民经济、国防建设和高技术产业发展具有极其重要的意义，同时也是改造提升传统工业、建设有色金属强国和实现战略转型的重大战略。我国针对大飞机和高速列车制造的迫切需求，已经启动了一批铝合金、钛合金等高性能新材料的研制工作，并取得了较快的进展，但由于研制周期短、前期产业技术薄弱、新材料研制过程没有与未来定型定产技术和生产能力建设紧密结合，未来仍将面临高性能轻合金结构材料的工程化制备技术问题，急需前瞻性地安排相关材料产业技术攻关。

2.主要任务

突破新一代高强高韧低淬火敏感性铝合金工程化技术、高强高韧铝合金厚板工程化技术、高强高韧铝合金丝材工程化技术、车用铝合金研究应用技术、新一代铜合金引线框架材料工业化制备加工技术、高强高导铜合金精密线材工程化制备与应用技术、航天用高性能镁合金材料工程化应用、车用高性能低成本镁合金板材与型材制造应用、钛及钛合金带材和焊管工程化技术、中强钛合金型材及精密管材工程化技术、中高强钛合金紧固件丝材工程化技术、航天用高性能镁合金材料工程化应用、车用高性能低成本镁合金板材与型材制造应用等方面的关键技术，实现高端轻合金结构有色金属新材料及其制品的全面国产化。

3.发展目标

高性能有色金属新材料发展目标见表4-20。

表4-20　高性能有色金属新材料发展目标

2015年目标	2020年目标	2025年目标
加强先进高性能铝合金、铜合金、镁合金和钛合金材料工程化技术和产业化技术建设，初步实现新一代高性能有色金属材料在现代航空航天、电子信息、交通运输和海洋工程等高技术领域的应用	发展航空航天用高性能铝合金、钛合金和镁合金工程化制备技术，基本满足我国航空航天工业对高性能轻合金的需求；完成我国新一代高性能铜合金材料的产业化建设，基本扭转我国高性能引线框架材料和高强高导精密铜合金线材严重依赖进口的局面；研究具有优异综合性能、良好成型性能和表面质量的新一代车用轻合金材料及其工程化制备和应用技术，为国产轻量化汽车和轨道交通工具的设计制造奠定基础	建设我国航空航天专用高性能轻合金材料标准系列和产业化体系，产品技术经济指标达到发达国家水平；实现我国新能源汽车和轨道交通工具用铝合金的自主化生产供应；形成具有我国自主知识产权的新一代铜合金标准化系列，全面支撑我国电子信息产业的发展；镁合金材料在交通运输工具上的应用取得关键突破

（二十一）高温合金材料

1.战略意义

随着科技的进步，目前高温合金产品已开始逐步应用到汽车、冶金、玻璃制造、医学等领域，应用领域较大。伴随着我国自主航空航天产业研制先进发动机的发展以及国内发电制造企业在生产规模和生产技术方面的提高，高温合金材料的需求大大增加。目前我国高温合金材料在供应上还无法满足国内需求，除较低端产品和部分军工产品外，国内高端高温合金部分依赖进口或尚待自主研究。

2.主要任务

结合航空发动机和燃气轮机国家重大专项，开展第三代单晶合金和耐热腐蚀定向晶高温合金研制；部署第四代单晶高温合金研制，满足高性能航空发动机的需要；开展F级和H级燃机透平叶片研制；设立高温合金专项基金支持相关方面研究；开展其他合金系高温合金深入研究；部署新一代单晶高温合金研制和提高合金性能新途径的研究，进一步深化合金系高温合金研究。

3.发展目标

高温合金材料发展目标见表4-21。

表4-21　高温合金材料发展目标

2015年目标	2020年目标	2025年目标
第二代单晶高温合金进一步完善，单晶叶片制造技术取得突破，为新一代航空发动机研发奠定基础；第三代单晶高温合金研发有较大进展。完善重型燃机定向和单晶片高温合金材料，单晶叶片和定向晶叶片技术取得突破。建设我国高温合金体系与数据库框架	推广和应用第二代单晶合金，第三代单晶高温合金研发取得突破，F级重型燃气轮机高温合金叶片开发取得成功，H级重型燃气轮机高温合金关键技术取得突破。粉末涡轮盘合金取得重大进展。构建起高温合金体系和相应数据库	成功开发第四代和第五代单晶合金，部分应用于新一代发动机上。成功开发H级燃气轮机透平叶片，并得到应用。新型叶片用材料取得重大进展。开辟高温合金提高性能的新技术途径。其他合金系高温合金得到应用

（二十二）先进结构陶瓷材料

1.战略意义

先进结构陶瓷具有低密度、高刚度、耐磨、耐高/低温、化学稳定性好、耐腐蚀、抗热震、耐烧蚀、高热导或高绝热、低膨胀等特殊性能，已成为各类工业技术特别是尖端技术中不可缺少的关键基础材料。它的发展水平高低是一个国家高技术发展水平和未来核心竞争力高低的标志，它在航空航天、核能技术、信息技术、精密机械、石油化工、钢铁和有色金属冶金、新能源技术、国防军工等诸多领域，具有不可替代的作用，尤其对我国的国防现代化建设至关重要。

此外，在当今我国面临能源和环境双重危机的情况下，先进结构陶瓷技术研发的突破与产业推进，也将在提高资源利用率、节能减排和清洁能源开发等方面起到战略性的推动作用，促进经济的可持续发展。

2.主要任务

提高自主研发能力，加强产学研结合，在点上首先实现突破，以满足航空航天、国防尖端领域对先进结构陶瓷、结构功能一体化陶瓷材料的国家安全层面的战略需要；突破高端装备、精密或特种机械行业用典型陶瓷材料与构件研制开发的技术难关；突破能源、化工、冶金等重点领域对耐腐蚀、耐磨损陶瓷材料的规模化制备的瓶颈技术；以点带面，努力实现先进结构陶瓷产业由小到大、由弱到强的跨越式发展。

3.发展目标

先进结构陶瓷材料发展目标见表 4-22。

表 4-22　先进结构陶瓷材料发展目标

2015 年目标	2020 年目标	2025 年目标
突破几种典型结构陶瓷如 Al_2O_3、ZrO_2 和 Si_3N_4 等超细、高纯度粉体以及若干种新型高温超高温陶瓷先驱体稳定批量化制备合成技术；突破承载-防热-透波多功能一体化陶瓷材料的制备及大尺寸形状复杂薄壁构件的制备技术；突破零（微）烧蚀超高温陶瓷材料关键制备技术；突破钢材薄带连铸用陶瓷侧封板制备技术；突破大尺寸、耐腐蚀 SiC 陶瓷材料热交换器的制备技术；突破光刻机系统大尺寸陶瓷导轨、轻量化复杂结构陶瓷工件台、高精激光陶瓷反射镜制备的关键技术，建立产业化示范项目	实现钢材薄带连铸用陶瓷侧封板及 SiC 陶瓷热交换器的产业化；实现高强、耐高温或抗氧化高性能陶瓷纤维 SiC_f、BN_f 的产业化生产；突破大尺寸、形状复杂构件的 3D 打印制造技术难关；突破石油化工行业乙烯裂解用大尺寸陶瓷炉管的相关关键技术	实现 SiBCN 陶瓷纤维的产业化；实现 3D 打印在大尺寸、形状复杂陶瓷构件在工业化制造方面的产业化

（二十三）高性能 C/C 复合材料

1.战略意义

C/C 复合材料的比强度和比模量高、耐疲劳、抗腐蚀、抗高温蠕变，可广泛应用于航空航天、光伏、冶金、化工等领域。在航天领域，C/C 复合材料已成为大面积防热材料的首选材料之一。在航空领域，C/C 复合材料是国家重大专项 C919 大飞机等民用、军用飞机航空刹车副材料。C/C 复合材料还是新能源光伏领域高温热场材料及其他工业领域急需的结构材料。在机械制造领域，C/C 复合材料作为热压模具、支撑板，以及紧固、连接用螺栓、螺帽已被广泛使用。此外，它还被用于发动机活塞和活塞环，高档汽车与高速火车、磁悬浮列车刹车材料以及各种高性能密封材料。在医用领域，由于 C/C 复合材料与人体组织具有良好的相容性，在人工关节、人工骨骼和紧固材料等方面得到了成功应用。大力发展 C/C 复合材料，可确保我国航空航天领域对高性能 C/C 复合材料产品的大量需求，拓展 C/C 复合材料在新能源、机械、化工、交通、医药工程等广阔民用领域的应用，满足国民经济和国防建设的需要。

表 4-25　超高韧性耐高温树脂基复合材料发展目标

2015年目标	2020年目标	2025年目标
进行长期使用温度250℃以上、CAI大于315兆帕的高韧性耐高温PI复合材料关键技术研究；突破250℃以上高性能热塑性树脂基复合材料应用技术研究；突破耐温450℃以上的氮杂环结构高性能树脂基有机无机复合材料小试制备技术	突破长期使用温度250℃以上、CAI大于315兆帕的高韧性耐高温PI复合材料应用技术；突破250℃以上高性能热塑性树脂基复合材料工程化应用技术；完成耐温450℃以上的氮杂环结构高性能树脂基有机无机复合材料工程化技术研究	完成长期使用温度250℃以上、CAI大于315兆帕的高韧性耐高温PI复合材料在超高速飞行器上的应用考核验证；实现250℃以上高性能热塑性树脂基复合材料规模化应用；完成耐温450℃以上的氮杂环结构高性能树脂有机无机复合材料在航空发动机等方面的应用考核

（二十六）新型树脂基结构功能一体化复合材料

1.战略意义

武器装备的电子对抗能力和战场生存能力强烈依赖于新型树脂基结构/透波和结构/隐身复合材料技术的支撑，因此，发展新型树脂基结构/透波和结构/隐身一体化复合材料，可以有效解决综合作战效能、生存能力与机动性能之间的矛盾，以促进武器装备实现轻量化、高机动、高生存力的跨越式发展。

2.主要任务

突破多频透波复合材料和结构/隐身一体化的"超材料"宽频吸波和透波复合材料技术，以及耐30瓦/平方厘米大功率密度结构透波复合材料技术，满足先进装备电子对抗发展的需求。

3.发展目标

新型树脂基结构功能一体化复合材料发展目标见表4-26。

表 4-26　新型树脂基结构功能一体化复合材料发展目标

2015年目标	2020年目标	2025年目标
突破多频透波复合材料和结构/隐身一体化的宽频吸波复合材料关键技术；突破耐30瓦/平方厘米大功率密度结构透波复合材料关键技术，为应用奠定材料技术基础	突破多频透波复合材料、结构/隐身一体化的宽频吸波复合材料和耐30瓦/平方厘米大功率密度结构透波复合材料工程化应用技术，建立结构/透波和结构/吸波应用技术体系	完成多频透波复合材料、结构/隐身一体化的宽频吸波复合材料和耐30瓦/平方厘米大功率密度结构透波复合材料在航空航天、电子对抗装备上的应用考核验证

（二十七）环境友好和智能高分子及其复合材料

1.战略意义

随着人类生存环境越来越差、能源危机的愈演愈烈，对环境保护和节约能源的要求越来越高，可降解和可循环再利用环境友好绿色高分子及其复合材料技术的应用可以减缓人类对环境的破坏和能源的消耗。智能材料是结构/功能材料的最高级形式；智能复合材料是将传感功能材料或器件和具有执行功能的材料或器件通过某种基体复合在一起，能够对其所处环境做出主动响应的材料，将促进装备结构设计和作战效能发生革命性的变化。

2.主要任务

突破可降解和可循环再利用环境友好绿色高分子及其复合材料技术，以及自感应、自适应、自诊断、自修复、主动振动控制等功能高分子材料及其复合材料技术；促进飞行器、弹箭武器、地面装备结构设计的革命性变化的形状记忆智能复合材料技术的发展；等等。

3.发展目标

环境友好和智能高分子及其复合材料发展目标见表4-27。

表4-27　环境友好和智能高分子及其复合材料发展目标

2015年目标	2020年目标	2025年目标
突破可降解和可循环再利用环境友好绿色高分子及其复合材料合成和应用技术并实现应用；通过嵌入传感器件、执行器件与修复单元，基本突破自感应、自适应、自诊断、自修复、主动振动控制等功能高分子材料及其复合材料关键技术	可降解和可循环再利用环境友好绿色高分子及其复合材料实现规模应用；突破具有自修复、感知与执行功能的抗弹复合材料和结构复合材料关键技术，修复强度大于60%；突破基于压电和电致应变效应机理的主动振动控制复合材料关键技术，通过验证考核	建立可降解和可循环再利用环境友好绿色高分子及其复合材料产业；完成具有自修复、感知与执行功能的抗弹复合材料和结构复合材料工程化应用技术，并开始航空和地面装备应用；突破主动振动控制复合材料应用技术并在武器装备上得到应用

（二十八）材料高通量计算

1.战略意义

高通量自动流程计算是"材料基因组计划"的重要核心内容之一。随着计算材料科学以及"材料基因组计划"的深入和进展，高通量计算正在兴起成为一门新学科，在快速发现新材料、洞察材料物理、揭示材料中新现象等涉及材料核心问题方面，愈加显示出其实质性作用和巨大的潜势。高通量计算在能源材料预测、拓扑绝缘体发现、催化材料、热电材料、磁性材料，对二元或三元化合物结构稳定性判断，以及对国家安全有重大意义的高强高温合金等体系中有广泛的成功应用和尝试[99]。它以加速新材料预测和创新为目标，驱动重大需求材料的发展、发现和突破。高通量计算基于变革材料研发模式的理念，实现按需设计、发展新材料，预期将导致材料科学和技术的突破性进展。

2.主要任务

建立国家关键材料高通量计算平台，包括先进量子材料（拓扑绝缘体、石墨烯及多铁性材料等）、超导材料（铜基、铁基）、先进电子材料及器件（含新型半导体材料、碳基材料）、高强高温合金（航空发动机及燃气轮机叶片）、催化材料（分子筛及金属化合物）、先进能源材料（光电材料、热电材料、储能材料等）、稀土磁性材料（关系国家战略资源）及极端条件下材料（耐高速磨损、抗超高温、宽频透波、超音速红外透明、抗熔盐强腐蚀、抗高温氧化）。高通量自动流程计算以加速新材料创新、实现先进材料预测为目标，以算法、软件、数据库的自主研发为核心内容，驱动重大需求材料的发展和创新。高通量计算平台建设将革新当前材料计算模拟和设计的离散式工作模式，充分发挥信息化技术优势，实现高通量计算-高通量实验与材料数据库相融合，促进协同创新。

3.发展目标

材料高通量计算发展目标见表4-28。

表 4-28　材料高通量计算发展目标

2015年目标	2020年目标	2025年目标
在变革研究模式、快速低耗创新发展新材料的理念下，初步建立高通量计算自动流程基本运行框架，包括理论算法、必要的软件系统及典型材料数据库，为预期新材料奠定基础	在高通量计算实践中，建立比较完备的高通量计算自动流程体系，发展密度泛函理论方法及时-空多尺度算法以及较完备的软件和数据库系统。相比于试错法，高通量自动流程计算具有颠覆性	在高通量自动流程计算研究基础上初步实现按需设计国家重大需求材料

（二十九）材料数据库

1.战略意义

数据库是有机整合各种材料相关信息的有效手段，可以实现跨尺度、跨领域、跨学科材料信息共享与挖掘，与高通量计算材料设计相结合，可以加速先进材料的开发和推广，降低材料研发成本。需要建立相对统一的数据库，保证数据的可靠性、有效性和可用性，同时通过科学的管理方法，实现数据的有效使用，促进我国材料研究的进程。

2.主要任务

通过数据信息的获取方法、获取技术、数据处理，以及计算材料科学、全过程全寿命模拟仿真技术等研究和实验验证，保证数据的可靠性、有效性和可用性；建立数据测试矩阵，形成多尺度、多层次的测试规范和标准；结合大数据计算环境的现代化材料数据库技术，实现材料数据的云资源管理。通过数据库的开放与共享，逐渐形成由地区及国家中心库构成的数据库网络。

3.发展目标

材料数据库发展目标见表4-29。

表4-29 材料数据库发展目标

2015年目标	2020年目标	2025年目标
建立描述纯元素的热力学和物理性质的新的计算热力学模型，并开发新一代纯元素基础数据库（现有的数据库完成于1991年）	建立多元体系的计算热力学模型，开发基于新的纯元素数据库的多元材料热力学、动力学和物理性质数据库	将上述数据库扩展至包含25～30个组元

（三十）高通量组合材料设计

1.战略意义

"材料基因组计划"以研究多相、多组元实用材料体系为基本对象，需要在多维大尺度成分空间探索研究材料的各种性能及其相关机制。系统地建立材料成分、结构、性能之间的定量关系，传统实验方法遇到挑战性。高通量材料组合实验技术体现研究方法的转变，实现材料搜索的"多、快、好、省"，大大加快了材料研发的进程［通常需数年完成的三元相图（结构及物理特性）可望在数天内完成］。高通量组合材料芯片实验技术有广泛的应用领域，已成为材料研发主流技术，正在全面加速新材料领域的全球性竞争。

2.主要任务

利用扩散偶、扩散多元节和材料组合芯片等高通量实验技术，生成固溶体和化合物相的成分梯度，进行具有微米级空间分辨率的微区材料性能测试，提高材料性能测试的效率。

基于飞秒激光表面反射的测量技术扫描测试关键的材料物理性能，如热导率、热膨胀系数及比热容等。这些新的扫描性能测量工具与扩散多元节或材料组合芯片技术相结合，能够成数量级地提高材料性能测试的效率，为快速建立新的预测成分-相-结构-性能的理论体系提供海量实验结果和验证数据。

基于高通量组合材料设计系统,在连续测试实验中可能发现新奇物性效应。采用聚焦离子束提取微观样品进行分析并结合理论计算快速实现异常效应的诠释,从而提高材料性能预测的精度和可靠性。

3.发展目标

高通量组合材料设计发展目标见表 4-30。

表 4-30　高通量组合材料设计发展目标

2015 年目标	2020 年目标	2025 年目标
在材料应用的推动下,预期有新型高通量实验技术出现并填补仪器、设备、方法等空白。实现高通量材料研发平台的建立及规范的制定	集中现有优势力量建立高通量材料研发模式的示范项目,在现有研究的基础上,应用高通量材料研发模式,整合现有资源,在较少投入的前提下实现快速突破。相比于传统实验法,高通量实验具有突破性	实现高通量材料组合设计实验在国家重大需求材料方面的应用

第五章

典型案例分析

一、高温合金材料发展路线图

（一）基本信息

高温合金是可在 600～1 100℃氧化和燃气腐蚀条件下承受复杂应力、长期可靠工作的一类金属材料，主要有镍基、钴基和铁基高温合金。这类材料具有优良的耐高温、耐腐蚀、高温蠕变寿命等性能，主要用于制造航空、舰船、工业用燃气轮机的涡轮叶片、导向叶片、涡轮盘、高压压气机盘和燃烧室等高温部件，以及用于制造航天飞行器、火箭发动机、核反应堆、石油化工设备和煤的转化等能源转换装置，高温合金的研制和生产水平是一个国家金属材料发展水平的重要标志。

（二）技术发展历程及关键创新事件

高温合金发展中的关键创新事件见表 5-1。

(三) 市场发展及预测

1. 需求概况

高温合金材料最初主要应用于航空航天领域，由于其有着优良的耐高温、耐腐蚀等性能，逐渐被应用到电力、汽车、冶金、玻璃制造、原子能等工业领域，从而大大拓展了高温合金材料的应用领域。随着高温合金材料的发展、新型高温合金材料的出现，高温合金的市场需求处于逐步扩大和增长状态。目前，国际市场上每年消费高温合金材料近30万吨，被广泛应用于各个领域。我国目前高温合金材料的生产能力与需求相比存在两个缺口：①生产能力不足。目前我国高温合金生产企业数量有限，生产能力与需求之间存在较大缺口，燃气轮机、核电等领域的高温合金主要依赖进口；高端产品难以满足应用需求。②我国的高温合金生产水平与美国、俄罗斯等国有着较大差距，随着我国研制更高性能的航空航天发动机，高温合金材料在供应上存在无法满足应用需求的现象。

2. 航空航天领域需求

高温合金从诞生起就用于航空发动机，在现代航空发动机中，高温合金材料的用量占发动机总重量的40%～60%，主要用于四大热端部件，即燃烧室、导向器、涡轮叶片和涡轮盘，此外，还用于机匣、环件、加力燃烧室和尾喷口等部件。航空航天产业属于战略性先导产业。世界航空航天市场总额已高达数千亿美元，并且正以每年10%左右的速度稳步增长。中航集团预测，未来20年中国航空客运周转量的年均增长率为8.3%，中国民航需要补充各型民用客机3 815架，其中，大型喷气式客机2 822架，支线飞机993架。预计到2 027年，中国的民用客机机队规模将达到4 250架，货机机队规模将达到604架。

中国自主航空航天产业的发展，必然带动国内发动机制造企业的发展。目前，国内发动机制造企业主要有西安航空发动机（集团）有限公司、沈阳黎明航空发动机（集团）有限责任公司、中国贵州航空工业集团、成都航空发动机（集团）公司。2009年1月18日，中航工业商用飞机发动机有限责任公司在上海注册成立，主要为大飞机项目配套研制和生产发动机。随着中国航空市场和制造产业的迅速发展，航空航天产业对高温合金的需求无论在性能质量上还是产量上都将有很大的提高。

根据国家规划，航天产业的发展主要围绕以下五大工程实施：一是载人航天；二是月球探测；三是高分辨率对地观测系统；四是"北斗"导航定位系统；五是新一代大型运载火箭。载人航天和月球探测两项工程的主要目的是带动中国科技水平的提高和发展。高分辨率对地观测系统和"北斗"导航定位系统会更多地服务于经济建设、社会发展和国家安全。新一代大型运载火箭，主要是提升中国探索空间的能力。从航天发展的经验来看，重大工程的实施能够有效拉动航天产业市场。

航天发动机的核心部分都采用了高温合金材料。根据已制定的《中国航天科技集团公司构建航天科技工业新体系战略转型指导意见》，中国航天科技集团公司到2015年打造7个数百亿元规模的大型科研生产联合体，形成10个左右主营业务收入过百亿元的公司，并且要实现国际化业务快速增长，整星出口占国际商业卫星市场的10%左右，商业发射服务占国际市场的15%左右，航天技术应用产业的产品出口额占其业务收入的20%左右。目前，航天领域使用的液氧煤油和液氧液氢航天运载发动机、小型涡喷涡扇发动机已经定型，并开始批量生产，国内对航天用高温合金母合金和精铸件的需求也在不断增长，进入了一个新的增长期。

3. 燃气轮机领域需求

燃气轮机是高温合金的另一个主要用途。因燃气轮机中喷射到涡轮叶片上的气体温度高达1 300℃，故涡轮叶片需要用高温合金制造。燃气轮机启动快、运行可靠、效率高、污染少，主要用于电力调峰、船舶动力、联合循环发电和热电联产。

目前燃气轮机发电在世界上已广为应用，其发电容量占世界总发电容量的11%。由于燃气轮机具有以上优点，在全世界发达国家，燃机电厂与燃煤电厂总安装容量之比接近1∶1。燃气轮机发电已是电力结构中的重要部分，在新增发电容量中更占重要成分。据报道，目前全世界每年新增加的装机容量中，有1/3以上采用燃气-蒸汽联合循环机组，而美国则接近1/2。据不完全统计，全世界现有烧油和烧天然气的燃气轮机及其联合循环的装机容量已超过4亿千瓦。近些年来，世界上发达国家常规联合循环发电得到快速发展；每年新增的联合循环机组总装机容量占火电总新增容量的40%～50%。当今世界上单台燃机最大功率已达250兆瓦，联合循环总功率达350兆瓦。现在燃气轮机正向着大功率、高燃烧温度方向发展。燃气-蒸汽联合循环已经成为世界上火电建设的重要组成部分。燃气-蒸汽联合循环发电已成为世界潮流。

从国际发展的趋势来看，为了提高热效率和增加机动性，需要发展大功率（大于100兆瓦）的工业燃气轮机组，这对材料提出了更高的要求。以涡轮叶片为例，因采用劣质燃料，加上地面工况条件差，特别是在高温（＞1 300℃）、连续工作时间很长（以万小时计）的情况下，更需要耐热腐蚀、抗冲刷的高温合金和耐热涂层。目前我国每年在进口涡轮叶片备件上的花费就达上亿美元。

国内燃气轮机发展前景为高温合金的使用提供了巨大的空间，而且每年的备件供应将是非常稳定的需求，初步估计市场空间在 10 亿元以上。

我国实现"西气东输"及从国外引进液化天然气和管道天然气之后，全国将普及天然气的供应，国家有关部门积极发展燃气-蒸汽联合循环、小型燃气轮机热电联产、冷热电联产，使我国具备了发展燃气轮机的条件。今后几年我国将进入燃气轮机装机的高峰期，未来 10 年我国燃气轮机的装机总量将达到 30 000 兆瓦以上。我国重型燃气轮机制造业始于 20 世纪 50 年代末，主要厂商为上海汽轮机有限公司、哈尔滨汽轮机厂有限责任公司、东方汽轮机股份有限公司和南京汽轮电机（集团）有限责任公司等。

4.汽车废气增压器涡轮的需求

汽车废气增压器涡轮也是高温合金材料的重要应用领域。废气增压器涡轮生产在国外已有 60 多年的历史。目前，国外的重型柴油机增压器配置率为 100%，中小型柴油机也在不断地增大其配置比例，如英国、美国、法国等国家已达 80% 左右。废气增压器涡轮具有减少有害排放、降低噪声污染、提高机械效率、提升功率等优点。目前，我国增压器涡轮生产厂家所采用的涡轮叶轮多为镍基高温合金涡轮叶轮，它和涡轮轴、压气机叶轮共同组成一个转子。

据 2009 年 2 月 4 日中国汽车工业协会发布的统计显示，2008 年，汽车累计产销 934.51 万辆和 938.05 万辆，同比增长 5.21% 和 6.70%，汽车销量比 2003 年的 439 万辆翻了一番。由此推算，2008 年中国汽车工业仅涡轮转子对高温母合金的需求就在 1 900 吨以上。根据霍尼韦尔的预测，中国的增压器涡轮售后市场将伴随着汽油机增压器涡轮的推广而迅猛发展，年增长 20%。此外，内燃机的阀座、镶块、进气阀、密封弹簧、火花塞、螺栓等都可以采用铁基或镍基高温合金。

5.原子能工业市场的需求

原子能工业使用的高温合金包括燃料元件包壳材料、结构材料和燃料棒定位格架、高温气体炉热交换器等，均是其他材料难以代替的。我国要陆续建成 10 座 60 万千瓦的核电站。每座 60 万千瓦的核电站需用蒸发器"U"形传热管 100 吨。此外，还有大量的堆内构件用不锈钢精密管和控制棒、核燃料包套管等。这样仅一座 60 万千瓦的核电站堆芯需要的各类核级用管就达 600 多吨。

根据 2006 年 3 月国务院通过的《核电中长期发展规划（2005—2020 年）》，我国到 2020 年，核电运行装机容量争取达到 4 000 万千瓦；核电年发电量达到 2 600 亿～2 800 亿千瓦时。在目前在建和运行核电容量 1 696.8 万千瓦的基础上，新投产核电装机容量约 2 300 万千瓦。同时，考虑核电的后续发展，2020 年年末在建核电容量应保持在 1 800 万千瓦左右。

目前核电站蒸发器"U"形管仍完全依靠进口。我国的东方电气目前在核电装备制造领域处于国内领先地位，广东岭澳核电站一期制造了两套 100 万千瓦等级核电机组，获得了岭澳二期 2×100 万千瓦核电站核岛回路包和常规岛机电包订单。国产核电装备的应用，也将带动核电装备零部件供应市场。根据我国核电站建设规划，我国近十年内原子能工业方面需要高温合金材料总共约 6 000 吨，价值约 24 亿元。

6. 其他领域的需求

高温合金材料在玻璃制造、冶金、医疗器械等领域也有着广泛的用途。在玻璃工业中应用的高温合金零件多达十几种，如生产玻璃棉的离心头和火焰喷吹坩埚，平板玻璃生产用的转向辊拉管机大轴、端头、通气管、玻璃炉窑的料道、闸板、马弗套、料碗和电极棒等，冶金工业的轧钢厂加热炉的垫块、线材连轧导板和高温炉热电偶保护套管等，医疗器械领域的人工关节等。此外，高温合金在海洋钻探开采、石油化工行业中也有较多应用。

通过以上分析，高温合金应用广泛，有着一个可观的国内外市场。随着我国工业的持续发展，高温合金的市场将稳定地增长。

（四）技术选择方案

1. 我国高温合金发展技术选择方案

（1）针对航空发动机和燃气轮机重大专项急需的高温合金开展研究，开发高性能高温合金，满足两机专项的需要。

（2）梳理我国已有的合金牌号，构建自己的高温合金体系。

（3）加强基础研究，搞清高温合金发展的基本规律，建设起完整系统的数据库。

（4）加强高温合金测试仪器的研制，特别是高精度、微含量、在线检测仪器的研制。

（5）发展并充分应用计算材料学，加速材料研发和工艺技术开发。

（6）开发具有较好经济性和工艺性的新一代单晶合金。

（7）研究和探索高温合金的后继新型高温结构材料。

（8）对使用面较宽、生命力较强的重点变形合金如 GH4169 等要进一步开展相应的研究工作，稳定产品的性能和质量，继续完善合金的性能和数据，以起人工晶体研究的基本条件和研究队伍，所生长的主要是跟踪和模仿国外已经使用的晶体，如石英、云母、金刚石、钇铝石榴石（YAG）、酒石酸钾钠（KNT）、红宝石晶体和单晶硅等。这一阶段，石英、云母、金刚石、YAG、红宝石晶体和单晶硅等已基本形成产业，可基本满足我国经济建设和国防的需求。

（2）探索发展。从改革开放到 20 世纪末，我国走上了独立自主发展晶体的道路，发现了一批性能优秀的新型非线性光学晶体，如 BBO、LBO、KBBF 和被称为"中国之星"的掺镁铌酸锂（$LiNbO_3$，LN）等；发展晶体生长的新方法，如助熔剂法生长 KTP 晶体、亚稳区生长 DKDP 晶体，通过晶体生长工艺和技术研究，多种老晶体获得广泛应用，如高损伤阈值 KTP 和化学计量比 LN 晶体等；激光晶体 Nd：YAG、Nd：YVO_4 和掺钛蓝宝石等体长工艺成熟，达到商业化应用的条件；一批新型功能晶体，如闪烁晶体锗酸铋（BGO）、钨酸铅，压电、铁电和红外晶体等陆续研制达到商业应用的要求。不但可以满足我国经济建设和国防的基本需求，而且一批重要功能晶体出口先进工业国家，成为我国重要的高技术出口产品和产业。人工晶体研发布局得到进一步优化，培养了一大批专门人才。

（3）应用拓展。进入 21 世纪后，我国的经济实力得到提升，国家经济、国防建设和高技术发展所需要晶体的种类和要求逐步提高，而前期研发的许多晶体也在国家重大工程中得到应用，如 KDP 晶体和 DKDP 晶体（神光工程）、大尺寸优质 Nd：YAG 晶体和 Nd：GGG 晶体、CVDZnS 晶体（我国超声速巡航导弹、反导防空导弹）、蓝宝石晶体（衬底和窗口）、铁电/压电晶体（交变弱磁传感器、水声换能器、红外探测器）、拍瓦激光系统（YCOB、LBO、CLBO）、闪烁晶体（医用和高能）、KTP 系列晶体（激光器倍频用晶体）等，这些晶体种类多，但是用量一般较少，有小批量、多品种、更新换代快、起核心关键作用等特点。用于半导体照明和面大量广的民用晶体在市场推动下成为新兴的高技术产业，而所需的特种功能晶体大部分处于研发阶段，亟待发展。

2000 年以来获得国家奖励多项，具体包括：2000 年国家发明二等奖——硒镓银单晶体的制备方法；2005 年国家自然科学二等奖——掺氮直拉硅单晶氮及相关缺陷的研究；2005 年国家自然科学二等奖——光折变新效应、机理与器件的研究；2006 年国家自然科学一等奖——介电体超晶格材料的设计、制备、性能和应用；2007 年国家自然科学二等奖——晶体生长机制与动力学；2007 年国家技术发明二等奖——大尺寸掺杂钨酸铅闪烁晶体及其制备技术；2011 年国家科技进步奖二等奖——高质量晶体元器件和模块与全固态激光技术；2012 年国家技术发明二等奖——硼酸盐激光自倍频晶体制备技术及其小功率绿光激光器件商品化应用。

（二）国际功能晶体发展趋势

功能晶体种类很多，目前我国国民经济发展和国防需求用得最多的几类晶体发展趋势如下。

1. 激光晶体

激光晶体作为固体激光器的核心工作物质，在现代制造、信息通信、生物医疗、前沿科学和文化娱乐、光电对抗、雷达遥感、激光武器等诸多经济、民生和国防领域均有重要的应用，如激光微加工、激光切割、激光焊接、激光熔覆、激光碎石、激光测距、激光雷达等。其中应用最重要和最广泛的激光晶体就是 YAG 系列激光晶体，主要包括 Nd:YAG、Yb:YAG、Tm:YAG、Cr^{4+}:YAG、Ho:Cr:Tm:YAG、Er:YAG 晶体等。因此，激光晶体产业的发展对国家经济建设、民生保障、社会发展以及综合国力和国防实力的提升均有重要的推动作用。

据统计，从 2006～2012 年国内 YAG 系列激光晶体市场销售额平均增速超过 30%，到 2012 年 YAG 系列激光晶体市场销售达到 27 905 万元，这主要得益于全固态激光技术、固体大功率脉冲激光焊接技术和设备的普及。根据近几年国际市场对 YAG 系列激光晶体需求的年增长速率（30%～40%），预计到 2015 年，YAG 系列激光晶体国内需求量为 4 亿～5 亿元，国际需求量将达到 35 亿元左右。到 2020 年，国内需求量将超过 10 亿元，国际需求量将突破 50 亿元。

当前我国 YAG 系列激光晶体产业已初具规模，典型代表有北京雷生强式科技公司、成都东骏激光公司、成都京九科技公司和北京捷普公司等。该激光晶体产品质量比较稳定、数据完整，并且通过了小批量生产的稳定性考核，标准规范齐备。但是，我国激光晶体产业水平仍迫切需要进一步提升，主要体现在产品定位集中在中低端水平，高端产品技术能力和制造能力与国际先进水平仍有较大差距。

对激光晶体产业发展具有重要影响的相关支撑配套领域主要为高纯原材料、激光晶体生长设备、激光晶体光学冷加工和激光膜层四个方面。

（1）我国高纯原材料完全能够满足激光晶体产业的发展要求。

（2）这些年我国激光晶体生长设备取得了长足的进步，尤其是上称重自动直径控制晶体生长设备的国产自主化大大推进了我国激光晶体技术和产业的发展，为我国在部分激光晶体技术领域达到国际先进水平起到了关键性的支撑作用。

（3）我国激光晶体光学冷加工方面基本与我国激光晶体产业发展现状相匹配，但是仍然存在着机械化水平低、高精度加工技术能力差等问题。这种状况明显阻碍了我国激光晶体产业向高端市场发展的步伐。

学装置、生物医学和探测等方面得到广泛应用。Ce离子激活的稀土石榴石（Re$_3$Al$_5$O$_{12}$）、正稀土硅酸盐（Re$_2$SiO$_5$:Ce）和具有钙钛矿结构的稀土铝酸盐（ReAlO$_3$:Ce）晶体成为最具应用前景的新型闪烁晶体，成为目前高温闪烁晶体的研究热点，其中，掺铈硅酸钇镥（LYSO:Ce）晶体已经实现商业化，在正电子发射断层显像仪中得到应用，其他晶体尚处于研发阶段，其实用性和商品化前景仍需进一步评价。例如，碘化钠、碘化铯、BGO、氟化钡、钨酸铅、硅酸镥、氟化铈、钨酸铬、硅酸钇镥（LYSO）、硅酸钾、铝酸钇（YAP）等已经可以批量生产，铝酸镥（LuAP）、掺铈氯化镧、掺铈溴化镧、掺铈碘化镥（LuI$_3$:Ce）、掺铈碘化锶（SrI$_2$:Eu）和掺铈碘化钇（YI$_3$:Ce）等尚处于开发阶段。

目前，全球闪烁晶体年产量约为80吨，闪烁探测器件年均产值35亿美元，晶体约占1/4，约10亿美元。其中，核医学成像仪器领域用量约占1/3，地质勘探和安全检查领域各约占1/6，尖端科学和工业测控领域各约占1/8。闪烁晶体及器件市场每年以年均15%～25%的增长率增长，在未来15年将形成300多亿美元的市场，其中晶体占30亿～80亿美元。

几乎所有的核辐射应用领域都期待高性能的闪烁晶体，即希望光输出更大、衰减时间更短、能量分辨率更高的闪烁晶体新品种。目前，闪烁晶体的发展方向主要如下：超高光输出（大于100 000 Photons/MeV）的闪烁晶体；超高能量分辨率（小于2%）的闪烁晶体；兼具高光输出（大于70 000 Photons/MeV）、高能量分辨率（小于3.5%）、快衰减（小于20ns以下）的低本底闪烁晶体；超快衰减时间（小于1ns）的闪烁晶体；用于热中子探测的高性能闪烁晶体。

从闪烁材料应用发展看，对材料结构形态的要求将由传统的块体晶体材料向多晶闪烁陶瓷、薄膜和闪烁纤维的方向发展，结合无机和有机闪烁性能优点的复合闪烁材料也是未来发展的重点之一。

（三）功能晶体产业成熟度自评价

我国已经是一些常用晶体的生产大国和出口大国。目前我们可以进一步将我国紫外深紫外非线性光学晶体等科技成果和研发优势转换为产业优势，使我国大尺寸优质KDP、DKDP、LBO和抗灰迹磷酸钛氧钾（GTR-KTP）等晶体产业化居国际领先水平，并关注电光晶体、复合功能晶体的开发和产业化。特别是深紫外非线性光学晶体的产业化已具备基本条件，目前KBBF晶体是唯一可在深紫外这个重要光学波段应用的非线性光学晶体，我国在国际上首次实现了多种重要科学仪器的制备和应用，中国深紫外激光装备世界独有。2011年，我国深紫外固态激光源前沿装备研制项目获得突破，深紫外激光拉曼光谱仪、深紫外激光发射电子显微镜等八台深紫外固态激光源前沿装备，均为世界独有的科研利器。2012年，八台装备中有两台获批科学技术部产业化项目，为前沿装备产业化工作做了铺垫。我国中远红外非线性光学晶体、激光自倍频晶体、新型电光晶体和闪烁晶体的研究也有很大进展，可以逐步实现产业化。

经过20年的拼搏，非线性光学领域研究水平国内领先，激光和闪烁晶体等与国际技术研究水平相当，根据要求，可以对一些重要的可以产业化的功能晶体做出评价。

根据产业成熟度各部分的评估依据做出自评价，结论如下。

（1）技术成熟度：达到TRL 7和TRL 8之间。技术成熟度评价表见表5-5。

表5-5 技术成熟度评价表

被评技术	光电功能晶体		
评价依据	技术成熟度评价		评价结果
从改革开放到20世纪末，我国走上独立自主发展晶体的道路，发现了BBO、LBO和KBBF晶体，发展KTP晶体生长新方法，我国激光晶体，包括Nd:YAG、Nd:YVO$_4$和钛宝石晶体生长技术已基本完善。闪烁晶体、电光晶体和激光自倍频晶体生长技术完善	TRL1	基本原理清晰	TRL1 □
	TRL2	技术概念和应用设想明确	TRL2 □
	TRL3	技术概念和应用设想通过可行性验证	TRL3 □
	TRL4	以原理样机为载体通过实验室环境验证	TRL4 □
	TRL5	以原理样机为载体通过典型模拟使用环境验证	TRL5 □
	TRL6	以演示样机为载体通过典型模拟使用环境验证	TRL6 □
	TRL7	以工程样机为载体通过典型使用环境验证	TRL7 □
	TRL8	以生产样机为载体通过使用环境验证和试用	TRL8 ■
	TRL9	以产品为载体通过实际使用	TRL9 □

注：目前，技术成熟度达到TRL7和TRL8之间

（2）制造成熟度：MRL 7。制造成熟度评价表见表5-6。

表5-6 制造成熟度评价表

被评技术	光电功能晶体		
评价依据	制造成熟度评价		评价结果
功能晶体具有小批量、多品种和关键材料特点，所需种类、用途和需求量各不相同，目前各类晶体制造成熟度各不相同，基本可以达到MRL7程度	MRL1	确定制造的基本含义	MRL 1 □
	MRL2	识别制造的概念	MRL 2 □
	MRL3	制造概念得到验证	MRL 3 □
	MRL4	具备在实验室环境下的制造技术能力	MRL 4 □
	MRL5	具备在相关生产环境下制造零部件原型的能力	MRL 5 □
	MRL6	具备在相关生产环境下生产原型系统或子系统的能力	MRL 6 □
	MRL7	具备在典型生产环境下生产系统、子系统或部件的能力	MRL 7 ■
	MRL8	试生产线能力得到验证，准备开始小批量生产	MRL 8 □
	MRL9	小批量生产得到验证，开始大批量生产的能力到位	MRL 9 □
	MRL10	大批量生产得到验证和转向精益生产	MRL10 □

（3）产品成熟度：PRL 4。产品成熟度评价表（综合集成）见表5-7。

表5-7　产品成熟度评价表（综合集成）

被评产品	光电功能晶体		
技术成熟度	制造成熟度	产品成熟度	评价结果
TRL 1 □	MRL 1 □	概念产品	PRL 1 □
TRL 2 □	MRL 2 □		
TRL 3 □	MRL 3 □		
TRL 4 □	MRL 4 □	实验室产品	PRL 2 □
TRL 5 □	MRL 5 □		
TRL 6 □	MRL 6 □		
TRL 7 □	MRL 7 ■	工程化产品	PRL 3 □
	MRL 8 □		
TRL 8 ■	MRL 9 □	小批量市场化产品	PRL 4 ■
TRL 9 □	MRL10 □	大批量精益化市场产品或高质量细分市场产品	PRL 5 □

（4）市场成熟度：MML 2。市场成熟度评价表见表5-8。

表5-8　市场成熟度评价表

被评市场	光电功能晶体		
评价依据	市场成熟度评价		评价结果
非线性BBO和LBO晶体、KTP晶体已形成产业，其生产和销售均占国际首位。激光晶体，包括Nd:YAG、Nd:YVO$_4$和钛宝石晶体可满足我国基本需求，并占领约三分之一的国际市场，KBBF制备技术已趋成熟。BGO、PWO闪烁晶体用于国际重大科学工程；电光晶体和激光自倍频晶体也已初步形成市场。红外非线性晶体研制取得进展，可小批量供货。适于高科技和国防等重大需求的高端晶体产品，如深紫外非线性光学晶体KBBF、大尺寸高质量神光工程等用的大尺寸KDP和LBO、电光BBO晶体和GTR-KTP晶体等高端晶体产品亟待开发和形成产业。	MML1	新技术研发出产品；对产品的潜在需求或市场预期；市场待培育	MML 1 □ MML 2 ■ MML 3 □ MML 4 □ MML 5 □
	MML2	技术突破并成熟，已形成较强竞争力的产品，导入市场，促进了需求增长，市场竞争程度弱	
	MML3	技术和产品进一步成熟，市场确立。供需迅速增长，市场竞争压力大，促生配套的政策环境	
	MML4	市场整合，供大于求，品牌差异化发展，市场规模进一步扩大，形成不同的商业模式	
	MML5	市场规模壁垒高，相对集中，供需平衡稳定，市场保持相对有序	

（5）产业成熟度：IML 2。产业成熟度评价表（综合集成）见表 5-9。

表 5-9　产业成熟度评价表（综合集成）

被评产业	光电功能晶体产业		
产品成熟度评价	市场成熟度评价	产业成熟度评价	
PRL 1 □	MML 1 □	IML 1 □	萌芽阶段
PRL 2 □			
PRL 3 □	MML 2 ■	IML 2 ■	培育阶段
PRL 4 ■	MML 3 □		
PRL 5 □	MML 4 □	IML 3 □	发展阶段
	MML 5 □	IML 4 □	成熟阶段

（6）产业成熟度自评价结果汇总表见表 5-10。

表 5-10　产业成熟度自评价结果汇总表

技术成熟度	制造成熟度	产品成熟度	市场成熟度	产业成熟度
TRL 1 □	MRL 1 □	PRL 1 □	MML1 □	IML 1 □
TRL 2 □	MRL 2 □			
TRL 3 □	MRL 3 □			
TRL 4 □	MRL 4 □	PRL 2 □		
TRL 5 □	MRL 5 □			
TRL 6 □	MRL 6 □			
TRL 7 □	MRL 7 ■	PRL 3 □	MML2 ■	IML 2 ■
	MRL 8 □			
TRL 8 ■	MRL 9 □	PRL 4 ■	MML3 □	
TRL 9 □	MRL10 □	PRL 5 □	MML4 □	IML 3 □
			MML5 □	IML 4 □

（7）产业成熟度培育与发展预期时间节点汇总表见表 5-11。

表 5-11　产业成熟度培育与发展预期时间节点汇总表（单位：年）

成熟度＼等级	1	2	3	4	5	6	7	8	9	10
技术成熟度								2013	2018	—
制造成熟度							2013	2018	2021	2025
产品成熟度				2013	2018	2025	—			
市场成熟度		2013	2018	2021	2025	2030				
产业成熟度	2013	2018	2021	2025	2030	—				

（四）产业发展建议

1. 激光晶体产业

重视优质大尺寸激光晶体及用于微小型高功率激光晶体的产业化，包括Nd:YAG单晶（Φ150毫米以上）等，注重高热导率和扩展波段激光晶体的生长及其产业化，在满足高功率、人眼安全及中远红外激光器对晶体需求的同时，开拓和扩展国际市场；关注拉曼位移激光晶体及透明激光陶瓷的开发和产业化。

2. 非线性光学晶体产业

重视和实现深紫外非线性光学晶体的实际应用及产业化，发展红外至太赫兹波段的非线性光学晶体，将我国在非线性光学晶体的研发优势转换为产业优势，使我国大尺寸优质KDP、DKDP、LBO、GTR-KTP、KBBF等晶体产业化并占据国际市场，关注电光晶体、复合功能晶体的开发和产业化。

3. 压电和闪烁晶体产业

重视提高和优化晶体质量和性能，设计和制备综合性能优良的压电和闪烁晶体，包括弛豫铁电体单晶，在阐明铅在该类晶体中作用的基础上，实现优良综合性能晶体的产业化，关注各种功能器件的制备及其实际应用的产业化。

4. 微结构光电功能晶体产业

微结构物理研究内涵丰富，应用背景日益明显，重视微结构光电晶体功能晶体在白光激光器、各种特定波长，特别是红外光谱区激光的研究和应用，实现微结构光电功能晶体及器件的产业化，并关注由微结构光电功能晶体发展新原理、新器件和新应用。

5. 光电功能晶体的测试、标准化和数据库建设

建立各类光电功能晶体的国家标准，筹备和建立光电功能晶体数据库。根据光电功能晶体材料产业化需求，和国家权威计量单位相结合，按照不同类型功能晶体特性建立功能晶体检测平台，包括晶体共性测试平台，如晶体的透过波段、折射率、热导率、硬度等及其在不同温度、压力条件下的变化特性，以及不同类型功能晶体测试平台，如激光、非线性光学、压电、电光和闪烁晶体等。注重统一标准、测试方法和测试设备的建设和标定。分类建设、集中管理，构成完整的平台体系。

第六章

政策建议

一、加强顶层设计，完善产业政策

坚持创新驱动与产业需求相结合，加快设立"重点新材料研发及工程化"国家重大专项；加强国家对新材料基础研究的投入，高度重视当前处于研发阶段的前沿新材料，适度超前安排；着力突破新材料产业发展的工程化问题，为我国未来新材料产业的发展奠定坚实基础。加快完善有利于推动新材料产业发展的政策和法规体系，制定新材料产业发展指导目录和投资导向意见。遵循"谁投资、谁负责"的原则，加强对国有资本投资回报率的监管；突出国家对重点行业的聚焦支持，完善产业链、创新链和资金链，防止出现"投资碎片化"，集中力量打造我国的民族品牌。

二、发挥市场的资源配置作用，建设以企业为主体的发展体系

落实十八届三中全会精神，在注重政府对新材料产业发展的战略引导作用的基础上，加快营造新材料相关企业自主经营、公平竞争的发展环境，以企业

为投资主体和成果应用主体，加强产学研相结合，充分发挥市场配置资源的基础性作用，提高资源配置效率和公平性。推动优势企业实施强强联合、跨地区兼并重组、境外并购和投资合作，提高产业集中度，加快培育具有国际竞争力的企业集团。抓住我国工业化进程加速的历史机遇，培育、拓展新材料消费市场，特别是高端市场，以需求带动发展，推动企业上档次、上规模。

三、加强支撑体系建设，夯实发展基础

进一步加强先进装备的研制，加大对新材料制备和检测自动化设备的研发支持，集中力量发展提高产品质量、降低制造成本的核心装备，重视新型低成本制造工艺及其配套技术的开发，深化发展新材料的自动化制造和数字化制造技术。建设材料设计与极端条件下性能预测研发平台，制定材料服役性能和全寿命成本指标体系，全面提升我国材料应用水平。建立符合行业标准的新材料结构设计/制造/评价共享数据库，建立既与国际接轨又有我国特色的材料标准体系。从战略高度重视和研究新材料产业的知识产权体系，加强知识产权保护，鼓励新材料研发中的原始创新与集成创新，逐步形成具有自主知识产权的材料牌号与体系，引导产业的结构调整和升级换代。

四、设立新材料专家系统，发挥思想库作用

实施创新人才发展全球战略，鼓励通过采取核心人才引进和团队引进等多种方式引进海外人才，同时充分发挥行业协会、科研院所和高校的作用，共同建立新材料专家系统，加强新材料研发、生产和应用的直接沟通和交流。专家系统定期对国内外新材料研发和应用需求进行调研和评估，发挥思想库作用，对新材料发展现状、发展趋势和需要关注的重点问题提供咨询意见。

参考文献

[1] 师昌绪. 关于构建我国"新材料产业体系"的思考. 工程研究——跨学科视野中的工程, 2013, 5（1）: 5-11.

[2] 中国工程科技发展战略研究院. 2013中国战略性新兴产业发展报告. 北京: 科学出版社, 2013.

[3] 黄长庚. 稀土储氢合金发展. 中国稀土行业协会第一届会员暨理事大会第二次会议, 上海, 2013-04-25.

[4] 郭建刚, 金士锋, 陈小龙, 等. 新型铁基超导体材料的研究进展. 物理, 2011, 40（8）: 510-515.

[5] 朗振. 新材料产业2012年市场规模将超1300亿. 每日新闻, http://www.money.163.com/10/1110/02/6L3HENEQ00253B0H.html, 2010-11-10.

[6] 侯丹, 徐红英. 美国航天基金会2012年年度报告公布2011年全球航天工业增长12.2%. 国防科技网, http://www.81tech.com/news/shijiehangtiangongye/50578.html, 2012-04-10.

[7] The Lewin Group. State Impacts of the Medical Technology Industry. Washington, DC: Advanced Medical Technology Association, 2007.

[8] 宋登元. 高效率晶体硅太阳能电池技术及产业化效率趋势. 中国（嘉兴）太阳能光伏产业年会, 2013-05-05.

[9] 联合国教科文组织. Regional totals for R&D expenditure（GERD）and reaearchers, 2002.

[10] 联合国教科文组织. Regional totals for R&D expenditure（GERD）and reaearchers, 2007.

[11] 联合国教科文组织. Regional totals for R&D expenditure（GERD）and reaearchers, 2009.

[12] Nie Z R, Gao F, Gong X Z, et al. Recent progress and application of materials life cycle assessment in China. Progress in Natural Science: Materials International, 2011, 21（1）: 1-11.

[13] Allison J. Materials genome initiative for global competitiveness, 2011.

[14] 工信部. 新材料产业"十二五"发展规划, 2012-01-04.

[15] 王继扬, 吴以成. 光电功能晶体材料研究进展. 中国材料进展, 2010, 29（10）: 1-12.

[16] 中国电子信息产业发展研究院. 中国新材料产业地图白皮书（2012）, 2012.

[17] 陈立泉. 锂离子储能电池的现在与未来. 功能材料信息, 2011, 8（4）: 8-9.

[18] 欧洲半导体工业协会, 日本电子与信息技术工业协会, 韩国半导体工业协会, 等. International technology roadmap for semiconductor（ITRS）. http://www.itrs.net/home.html, 2012-01-20.

[19] 中国工程院. 我国有色稀有金属材料的现状及发展战略, 2010.

[20] 郝洛西, 杨秀. 基于LED光源特性的半导体照明应用创新与发展. 照明工程学报,

2012, 23 (1): 1-6.

[21] 美国 Cree 公司. CREE 2012 annual report. http://www.investor.cree.com/annuals.cfm, 2012-06-24.

[22] 屠海令, 杜军. 高介电常数栅介质的性能及与硅衬底间的界面稳定性. 稀有金属, 2007, 31 (3): 265-278.

[23] 吴玲. 半导体照明产业发展年鉴（2010—2011）. 北京: 机械工业出版社, 2011.

[24] 刘虹, 陈良惠. 我国半导体照明发展战略研究. 中国工程科学, 2011, 13 (6): 39-43.

[25] Zhang R F, Zhang Y Y, Zhang Q, et al. Growth of half-meter long carbon nanotubes based on schulz flory distribution. ACS Nano, 2013, (7): 6156-6161.

[26] IEA. Energy technology perspectives 2008. http://www.iea.org/, 2008-06-17.

[27] Choi C H, Park S H, Woo S I. Facile growth of N-doped CNTs on vulcan carbon and the effects of iron content on electrochemical activity for oxygen reduction reaction. International Journal of Hydrogen Energy, 2012, 37: 4563-4570.

[28] 北京赛迪经智投资顾问有限公司. 中国锂离子电池产业发展战略研究（2013）, 2013.

[29] US Department of Energy. 2010 fuel cell technologies market report, 2011.

[30] US Department of Energy. DOE hydrogen and fuel cells program record—fuel cell system cost 2011, record #11012, 2011-08-17.

[31] International Energy Agency. Energy technology prospectives 2010—scenarios & strategies to 2050, 2010.

[32] 熊炳昆, 温旺光, 杨新民, 等. 锆铪冶金. 北京: 冶金工业出版社, 2002.

[33] 徐南平. 面向应用过程的陶瓷膜材料设计、制备与应用. 北京: 科学出版社, 2005.

[34] 多晶硅产业技术创新战略联盟. 中国多晶硅产业发展报告（2012—2013 年度）. 中国电子材料行业协会, 2013.

[35] 卢世刚, 蒋利军. 新型能源材料. 见: 熊柏青, 高兆祖. 有色金属进展（第七卷）——有色金属新材料. 长沙: 中南大学出版社, 2007: 299-380.

[36] 汪洪, 左岩, 刘静. 节能镀膜玻璃及其膜系开发. 2010 全国玻璃技术交流研讨会, 沙河, 2010-10-16.

[37] 干勇. 利用资源优势, 聚集稀土特色产业. 中国高新区, 2009, (8): 18.

[38] Humphries M. Rare earth elements: the global supply chain. Congressional Research Service, 2012.

[39] 蒋利军. 稀土储氢材料研究与应用. 稀土信息, 2011, (9): 4-6.

[40] Rieger B, Künkel A, Coates G W, et al. Synthetic Biodegradable Polymers. Berlin: Springer-Verlag, 2012.

[41] United States Department of Energy. Basic research needs for superconductivity. http://science.energy.gov/-/media/bes/pdf/reports/files/sc_rpt.pdf, 2006.

[42] 李绍飞. 解开中国稀土应用研发僵局——徐光宪专访. 瞭望，2011，(30)：25.

[43] 胡伯平. 低碳生活中的磁性材料. 新材料产业，2010，(3)：44-48.

[44] 黄小卫，庄卫东，李红卫，等. 稀土功能材料研究开发现状和发展趋势. 稀有金属，2004，28（4）：711-715.

[45] 中国电子元件行业协会. 中国敏感电阻市场竞争报告. 北京：中国电子元件协会，2012.

[46] 中国电子元件行业协会. 中国电子元件"十二五"规划. 北京：中国电子元件协会，2011.

[47] 李龙土. 功能陶瓷材料及其应用研究进展. 硅酸盐通报，2010，(5)：107-110.

[48] 周济. 我国电子元件及材料研究发展的挑战与机遇. 电子元件与材料，2007，26（1）：1-3.

[49] 国家自然科学基金委员会工程与材料科学部. 国家自然科学基金委员会工程与材料科学部学科发展战略研究报告（2011—2020）：机械工程学科发展战略报告. 北京：科学出版社，2010.

[50] 赵忠贤. 百年超导 魅力不减. 物理，2011，40（6）：361-362.

[51] 周廉. 中国生物医用材料科学与产业现状及发展战略研究. 北京：化学工业出版社，2012.

[52] Ernst & Young. Pulse of the industry-medical industry report，2011.

[53] Orthoworld. The orthopaedic industry annual report：2011，2012.

[54] Vacani J P，Vacanti C A. Principles of Tissue Engineering. Austin：R. G. Landes Company，1997.

[55] Mironov V，Trusk T，Kasyanov V，et al. Markwald biofabrication：a 21st century manufacturing paradigm. Biofabrication，2009，1（2）：1-6.

[56] 中国医疗器械行业协会. 2011—2015年中国骨科器械行业市场调查咨询报告. 中商情报网，http：//www. askci. com/reports/2010-11/20101118105244. html，2010-11.

[57] 北京瑞思博格国际信息咨询有限公司. 2012—2015年中国心血管介入器械市场分析及发展前景研究报告，2012.

[58] 张兴栋，王宝亭. 我国生物材料科学与产业的崛起. 新材料产业，2009，(10)：92-95.

[59] 莫尼塔（上海）投资发展有限公司. 行业研究·医药，2011-05-26.

[60] 中国工程院.《特殊钢在先进装备制造业应用中的战略研究》咨询报告. 北京：冶金出版社，2012.

[61] 唐荻，武会宾. 我国高附加值中厚板产品现状与发展趋势. 轧钢，2012，29（2）：1-4.

[62] 熊柏青. 我国铝加工业之现状及未来发展. 新材料产业，2010，(8)：12-14.

[63] 中国科技部高新司.《"十一五"863计划新材料技术领域发展战略研究报告》之"十一五"863计划新材料领域先进陶瓷材料（结构）发展战略研究，2007.

[64] Ozcan S，Filip P. Microstructure and wear mechanisms in C-C composites. Wear，2005，259：642-650.

[65] 黄勇，张立明，汪长安，等. 先进结构陶瓷研究进展评述. 硅酸盐通报，2005，(5)：91-101.

[66] 宁军，刘朝艳，殷荣忠，等. 2010—2011 年世界塑料工业进展. 塑料工业，2012，40（3）：1-39.

[67] 贺光玉，向宇. 先进复合材料在汽车工业中的应用. 汽车零部件，2013，（5）：86-92.

[68] 杨挺. 汽车工业中塑料材料应用的现状及展望. 化工新型材料，2013，41（5）：1-4.

[69] 王金立，张锐，吕召胜，等. 2011 年我国热塑性工程塑料研究进展. 工程塑料应用，2012，40（3）：94-102.

[70] Jin Z, Bronwyn L F. Manufacturing influence on the delamination fracture behavior of the t800h/3900-2 carbon fiber reinforced polymer composites. Materials and Manufacturing Processes, 2007,（22）：768-772.

[71] 包建文，陈祥宝. 发动机用耐高温聚酰亚胺树脂基复合材料的研究进展. 航空材料学报，2012，（6）：1-13.

[72] 陈祥宝. 先进树脂基复合材料的发展和应用. 航空材料学报，2003，（23）：198-205.

[73] 王卓，杨小渝，郑宇飞，等. 材料基因组框架下的材料集成设计及信息平台初探. 科学通报，2013，（35）：1.

[74] Zhang H J, Fang Z, Zhang S C, et al. Topological insulators in Bi_2Se_3, Bi_2Te_3 and Sb_2Te_3 with a single dirac cone on the surface. Nature Physics, 2009, 5：438-442.

[75] Yan Q M, Huang B, Yu J, et al. Intrinsic current-voltage characteristics of graphene nanoribbon transistors and effect of edge doping. Nano Letters, 2009, 7（6）：1469.

[76] Li Z Y, Qian H Y, Wu J, et al. Role of symmetry in the transport properties of grapheme nanoribbons under bias. Physical Review Letters, 2008, 100：206802.

[77] Yao Y G, Kleinman L, MacDonald A H, et al. First principles calculation of anomalous hall conductivity in ferromagnetic bcc Fe. Physical Review Letters, 2004, 92（3）：037204.

[78] Yao Y G, Ye F, Qi X L, et al. Spin-orbit gap of graphene: first-principles calculations. Physical Review B, 2007, 75：041401（R）.

[79] Liu F, Liu C C, Wu K, et al. Chiral superconductivity in bilayer silicene. Physical Review Letters, 2013, 111：066804.

[80] Chang C Z, Zhang J S, Feng X, et al. Experimental observation of the quantum anomalous hall effect in a magnetic topological insulator. Science, 2013, 340（6129）：167-170.

[81] Nan C W. Magnetoelectric effect in composites of piezoelectric and piezomagnetic phases. Physical Review B, 1994, 50（9）：6082-6088.

[82] Nan C W, Li M, Huang J H. Calculations of giant magnetoelectric effects in ferroic composites of rare-earth-iron alloys and ferroelectric polymers. Physical Review B, 2001, 63（14）：144415.

[83] Wang C Y, Lui S Y, Han L G. Electronic structure of impurity（oxygen）-stacking-fault

complex in Ni. Physical Review B, 1990, 41: 1359-1367.

[84] Wang Y C, Lv J, Zhu L, et al. CALYPSO: a method for crystal structure prediction. Computatinal Physics Communication, 2012, 183 (10): 2063-2070.

[85] Chen N X. Modified möbius inverse formula and its applications in physics. Physical Review Letters, 1990, 64 (11): 1193-1195.

[86] Wang C Y, Yu T. A first principles interatomic potential and application to the grain boundary in Ni. Physics Letters A, 1995, 197: 449-457.

[87] Du J P, Wang C Y, Yu T. Construction and application of multi-element EAM potential (Ni-Al-Re) in γ/γ' Ni-based single crystal superalloys Modelling Simulation Materials Science English, 2013, 21: 015007.

[88] Yu X X, Wang C Y. The effect of alloying elements on the dislocation climbing velocity in Ni:a first-principles study. Acta Materialia, 2009, 57: 5914.

[89] Wang C Y, Zhang X. Multiscale modeling and related hybrid approaches. Current Opinion in Solid State & Materials Science, 2006, 10: 2-14.

[90] Zhang X, Wang C Y. Application of a hybrid quantum mechanics and empirical molecular dynamics multiscale method to carbon nanotubes. European Physical Journal B, 2008, 65: 515-523.

[91] 林皎, 王山鹰, 王崇愚. 多层次-跨尺度物理中并行 DVM-DAC 算法. 计算机研究与发展, 2007, 44 (10): 1667-1672.

[92] Hu Q M, Li S J, Hao Y L, et al. Phase stability and elastic modulus of Ti alloys containing Nb, Zr, and/or Sn from first-principles calculations.Applied Physics Letters, 2008, 93 (12): 321420.

[93] Xu D S, Wang H, Yang R, et al. Molecular dynamics investigation of deformation twinning in gamma-TiAl sheared along the pseudo-twinning direction. Acta Materialia, 2008, 56 (5): 1065-1074.

[94] Teng C Y, Zhou N, Wang Y, et al. Phase-field simulation of twin boundary fractions in fully lamellar TiAl alloys. Acta Materialia, 2012, 60 (18): 6372-6381.

[95] Wang S Q, Ye H Q. First-principle study on elastic property and phase stability of Ⅲ-Ⅴ compounds. Physical Status Solid B, 2003, 240: 45.

[96] Wang S Q, Ye H Q. Plane-wave pseudopotential study of mechanical and electronic properties for Ⅳ and Ⅲ-Ⅴ crystalline phases with zinc-blende tructure. Physical Review B, 2002, 66: 235111.

[97] Wang S Q, Ye H Q. Ab initio elastic constants for the lonsdaleite phases of C, Si and Ge. Journal of Physics-Condensed Matter, 2003, 15: 5307.

[98] Horstemeyer M F. Multiscale modeling: a review, practical aspects of computational

chemistry,2010:94.

[99]Curtarolo S,Hart G L W,Nardell M B,et al. The high-throughput highway to computational materials design. Nature Materials,2013,12(3):191-201.